宋韵东吴

鄞州区东吴镇宋韵文化
编撰委员会 编

杭州出版社

图书在版编目（CIP）数据

宋韵东吴 / 鄞州区东吴镇宋韵文化编撰委员会编. -- 杭州：杭州出版社，2023.4
ISBN 978-7-5565-2084-8

Ⅰ. ①宋… Ⅱ. ①鄞… Ⅲ. ①文化史－鄞州区－宋代 Ⅳ. ①K295.55

中国国家版本馆CIP数据核字（2023）第061294号

宋韵东吴

鄞州区东吴镇宋韵文化编撰委员会　编

责任编辑	夏沁怡
责任校对	陈铭杰
装帧设计	王立超
封面设计	蔡海东
出版发行	杭州出版社（杭州市西湖文化广场32号6楼）电话：0571-87997719　邮编：310014　网址：www.hzcbs.com
印　　刷	宁波市大港印务有限公司
开　　本	880 mm×1230 mm　1/32
印　　张	10.5
字　　数	207千
版 印 次	2023年4月第1版　2023年4月第1次印刷
书　　号	ISBN 978-7-5565-2084-8
定　　价	78.00元

鄞州区东吴镇宋韵文化编撰委员会

顾　问：包伟民　傅　晓

编委会

主　任：庄　琪

副主任：葛立邦　陈红光　汪未阳

委　员：黄小坤　沈慈波　施诗韵　邱侠豪　方　鹏
　　　　魏建辉　梅丽忠　朱丁磊　吴　斌　徐　荣
　　　　周微阳　张　丹

办公室

主　任：汪未阳

副主任：施诗韵

编　著：祝永良

序 一

去年 6 月 9 日，我与几位同事应邀前去宁波城东太白山麓的天童老街，参加鄞州区宋韵文化研究中心成立会议，没承想只过了七八个月时间，当地的朋友们就编写出了这么厚实的一本介绍地方历史文化的书来。赞叹之余，匆匆通览一过，觉得颇有可观之处。我虽然是宁波人，书中所介绍的许多内容，都是以前所不了解的，读来很感兴趣。编写者嘱我写几句介绍性的话，我无从为本书锦上添花，只就两宋时期宁波地方历史发展的大致趋向，略作解说。

我尽管并不完全同意以"韵"这样特定的概念，来概括我国两宋时期的全部历史，但是觉得对宁波地区而言，强调其在两宋时期的发展具有特别重要的意义，是恰当的。

考古学家喜欢用"满天星斗"一词，来形容我国新石器时代各地广泛形成各具地域特色的古文明的盛况。在不同地域间，文明发展的速度是有差别的。自从进入有文字记载的文明时期，相比于黄河流域，长江地区的开发相对迟缓。不过它无疑蕴含着巨大的发展后劲。

我国地域辽阔,地区间自然条件与历史背景各不相同,发展速度相互间有一定落差。在不同的历史时期,往往会有某一特定的区域成为全国经济最发达的地区,学术界一般称之为经济中心,或者经济重心。由于受自然、政治、军事、人口等多方面因素的影响,这种中心或重心,随着历史的演进,它们的地位往往会上下波动,于是形成重心转移的现象。大致讲,中国历史上的经济重心是沿着黄河中游(关中)向黄河下游乃至长江下游这一路线转移的。

在很长一段历史时期里,我国经济发展区域主要在淮河以北的黄河流域,特别是黄河中下游地区。这里被称为中原地区,是古代华夏——汉族的起源地和活动中心。不过,这种状况后来发生了变化。一方面,关中平原因国都所在,税赋沉重,开发过度,更兼战火兵燹,慢慢开始衰退;另一方面,江南地区经过长期积累,人口增长,技术进步,更因为受战争等外界因素影响较小,发展加速,相比之下,地位开始上升。慢慢地,在南北方生产力水平日趋接近的情况下,一旦中原人民为避战乱大量南移,在以淮河为分界线的南方,人口超过了北方,其经济发展速度也必然迅速赶上,并超过北方。这种情形大约在两宋时期出现了。到了公元12世纪后,南方人口已近北方人口的两倍,无论是经济总量还是生产技术都超过了北方。从此,中国的经济重心就由北方转移到了南方。南方经济最发达的地区,即重心之所在,就是长江下游,即后来狭义的江南了。

在这一过程中，东南沿海一系列小流域地区都得到迅速开发。具体就浙江而言，钱塘江南岸的会稽山麓北坡平原从秦汉以来就一直是本地区最为发达的区域，在中唐以后，浙东毗连山会平原的甬江流域也开发加速，因此得以独立设州（明州），后来居上，不仅得以比肩于中原，在某些方面甚至有过之而无不及。到南宋，明州升为庆元府，被列为辅郡，前后有史、楼、袁等诸世家，参预朝政，"衣冠日隆"，无论士宦还是文风，其在东南已可傲视诸郡，人称"鄞文献甲东南"。可以说，宁波已经从此前默默无闻的滨海小邑，一跃成为比较先进的地区。

正由于两宋时期宁波的发展具有转折性意义，因此，它所留下来的历史遗存不仅相对丰富，而且对后世的影响也比较深远。发掘、梳理这些历史遗产，正是我们今天应该重视的一项工作。

宁波不同区域历史的发展也各有特点，例如人们所熟悉的东乡与西乡之间的差别，就十分明显。本书概括东吴镇地区在两宋时期的一系列成就及其历史影响，无论物产、世家、名刹、交通等等，都可以说是反映两宋时期整个宁波地区历史跨越性发展的一扇窗口，借此可得窥斑见豹之效。事实上，宁波各个乡镇或许都应该编写这样的一本书，以便更全面地呈现乡邦的历史成就。

先人在经济文化各方面的创造,在家乡的文化传统中必然留下不可抹去的影响。地方士民日常饮食起居,尽管常常浸润于无声之中而不自知,其受惠于先人者实莫大焉。我们如果能够积极发掘,多方传播,对于现今社会的文化发展,则可期待事半功倍之效。这就是地方文史工作的意义之所在。

借本书几页,写下自己的这些想法,请家乡的朋友们批评。

包伟民
浙大城市学院教授、博士生导师,浙大城市学院历史研究中心主任
二〇二三年三月十二日,于杭州小和山

序 二

匆匆读了一遍《宋韵东吴》，一个文化底蕴深厚的小镇跃然纸上。千年宋韵千年流芳，很难用简短的文字来描述，东吴镇是一个活生生的标本。

天童老街有王氏宗祠，为王安石的后人所建。王安石治鄞三年，治水兴学，崇文重教。后来王安石改革的一些举措都在鄞县试验过，取得了巨大成功。这得益于王安石对县情的深入了解和对民情的深刻体察。《鄞县经游记》有记载，"庆历七年十一月丁丑，余自县出，属民使浚渠川"，"戊寅，升鸡山，观碶工凿石"，用现在的话说就是调研疏浚河渠、筑碶防洪的情况。王安石对下乡调研很重视，足迹遍及当时鄞县所有乡镇。王安石重视教育，办县学，请杜醇等庆历五先生到县学执教，"本之以孝悌忠信，维之以礼义廉耻"，为社会培养了一大批人才。治鄞三年政绩卓著，也为其日后的变法打下了基础。今天到东吴镇天童老街，到王氏宗祠，感受到的不仅仅是王安石治理鄞县的功绩，还有他留下的家训——"爱亲者不敢恶于人，敬亲者不敢慢于人""族中各父兄,须知子弟之当教,又须知教法之当正,又须养正之当豫"。为官和持家本来就是统一的。"忠孝传家远,诗书继世长",不但王家,东吴著名的史家也是忠孝传家的典范。

梁启超评价王安石:"其德量汪然若千顷之陂,其气节岳然若万仞之壁,其学术集九流之萃,其文章起八代之衰。"这样一代政治家、文学家、学问家和当时天童寺的住持瑞新有非常深厚的交往。一方面说明瑞新确实是得道高僧,另一方面说明天童寺在佛教界的地位。宋元时期先后有33位日本僧人到天童寺参禅、求法,日本禅宗认天童寺为祖庭,据说日本的东大寺就由中国建筑工匠模仿天童寺而建。根据史书记载,在佛教的交流中,中国的建筑文化、茶文化、陶瓷文化、石刻文化也经由天童寺传往日本。禅宗为什么吸引了那么多人的目光?因为禅宗所讲的是中国文化中的"孝悌忠信礼义廉耻",也就是做人的基本准则。这实质上就是中国的智慧,东方的智慧。修身、齐家、治国、平天下首先讲的是自身的修为,不管外部的环境如何,自身的修为没有止境。禅宗到中国能发扬光大,在于吸收了中国文化向内求的特色,同时中国文化的开放和包容也为禅宗在中国的发展提供了丰厚的土壤。宋代日本僧人到中国学习的禅宗已经不是西方的佛教,而是中国的文化。随着禅宗向日本的传播,中国文化走向日本,中国智慧传到日本。日本人把宁波称为圣地,东吴镇扮演了不可或缺的角色。

东吴的宋韵是王安石治理鄞县的足迹，是史家"一门三宰相、四世两封王"的荣耀，是中日文化交流的动人故事，也是老百姓丰富多彩的生活。老航船承载的是宋朝农商并重创造的繁荣，狮子山记录了宋朝官民铺路造桥、改天换地的努力。天童老街一头连着天童寺，一头连着小白岭；一头是日本人心中的禅宗祖庭，一头是多彩多姿的凡间社会。长期的文化交流和精神碰撞让老街神秘而又迷人，老百姓的柴米油盐都在老街上交换，喜怒哀乐都在老街上呈现。禅宗让佛教中国化、平民化、社会化，不再是遥不可及的天国；宋韵则代表着文化从文人士大夫阶层走向民间，让宁波一跃而成为文化圣地，让东吴成为圣地上一颗耀眼的明珠。现在我们研究宋韵，挖掘宋韵，是要从丰厚的历史文化中汲取精神养料，把深厚的文化底蕴转化为文化优势，使中国式现代化具有最持久的推动力。

傅晓

宁波市社科院（市社科联）院长（主席）、党组书记

二〇二三年四月十一日

目 录

1　前 言

7　第一章　大田山下

8　潋水而秀大田山

9　"八行先生"史诏

16　焦瑗讲学大田山

20　栉风沐雨大涵山桥

25　第二章　丞相故里

26　史浩的"孝"情

31　史弥坚的"民"情

42　史嵩之的"军"情

55　史渐一门的"廉"情

62　附：史氏家族文化遗存

69	第三章　小白河头
70	一条塘河沟通城乡
74	老航船的乡愁
78	坐航船的经历
81	热闹的小白河头
85	追忆小白航船
88	嫁妆船的习俗

91	第四章　天童道上
92	古朴的宋韵小村
95	两位"蔡公"的时空交集
103	一条古道走千年
106	两位宋代高僧的一段佳话
109	二十里松行欲尽
114	王安石与天童"宋韵诗路"
122	附：元宝篮

125	第五章　太白名山
126	"群峰抱一寺，一寺镇群峰"
127	"太白名山"四字的来历

130	最具神话色彩的山峰
136	太白山十大胜景
144	景象万千的天童森林公园
147	南宋人曾在这里"打卡"
149	一幅描绘太白胜景的国宝级名画

159　第六章　海丝风起

160	日本禅宗的"祖庭圣地"
170	天童茗茶风行日本
177	加藤四郎东吴学艺
182	传奇工匠陈和卿
186	南宋明州《五百罗汉图》
188	"天童首座"雪舟等杨
194	圆瑛七下南洋
203	附一：鄞州被命名为"中国海丝文化之乡"
204	附二：村上博优鄞地寻根记

215　第七章　青石生辉

216	石宕开采始于宋代
218	宁波青石出平塘

222	国内外现存的胡郎峦石雕石柱等
228	胡郎峦周边石宕
233	采石所需工具及开采过程

239	**第八章　宋韵老街**
240	村民记忆中的天童老街
243	街上的王姓，是王安石的后裔
245	匠心还原宋韵农耕文化
251	舌尖上的宋韵美食
260	太白庙与天童镴会
270	"微改造"还原老街宋韵味
274	附：天童街部分文化景点

| 283 | **第九章　宋诗宋碑** |

| 311 | **主要参考文献** |

| 314 | **后记：宋韵千年入梦来** |

又东南为东吴、少白，为天童，为凤下溪，为三塘头，为画龙，为玉泉。东吴亦鄞东之大市镇，天童为东南第一大丛林，胜于育王，松竹夹道，绀宇深藏，四围山地尽是僧产。太白山之茶，香味如兰，山僧采摘，什袭而藏，以供香客。李邺嗣《鄮东竹枝词》所谓"里人那得轻沾味，只许山僧自在尝"是也。凡此诸村，皆群山环绕，绵延不绝，其人民大率樵于山，耕于野，风俗淳厚，古处是敦，倘所谓山乡之民朴而僿欤。他若胡郎岙、椅子岙，则以开石宕闻。

——民国《鄞县通志·文献志·礼俗》

前　言

　　海丝文化、名人文化、忠孝文化、佛教文化、建筑文化、陶瓷文化、饮食文化……穿越千年，这些历史文化积淀，蕴藏在鄞州这座美丽的城市里，也流淌在东吴这个被宋韵文化基因赋予了文化自信的小镇里，纵使时光流转仍历久弥新。如今，让我们采撷起那记忆中的碎片，找寻宋韵文化在东吴的精华和精彩，一一呈现，细细品味。

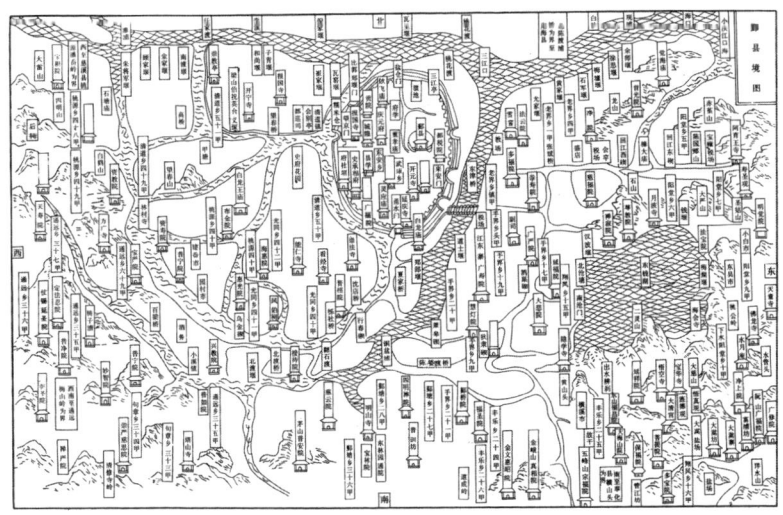

宋代鄞县县境图

800多年前的宋代,一位叫史弥应的诗人乘舟路过东吴,写下了"出郭乘清兴,扁舟一迅风。山光真黛比,水色与天同。宿鹭班班白,寒枫处处红。谁知吾胜概,名冠甬句东"的诗句,尤其是"名冠甬句东",道出了他对东吴风光发自心底的赞美。这首著名的《过东吴》收录于《全宋诗》,既是诗人仅存的两首代表作之一,也是东吴在世人面前的一次美丽亮相。

北宋政治家、改革家、文学家王安石任鄞县知县时,对东吴的太白山水尤为偏爱,写下了《太白岭》《忆鄞县东吴太白山水》《天童山溪上》等多首诗作,留下了"烟云厚薄皆可爱,树石疏密自相宜""最思东山春树霭,更忆东湖秋水波""溪水清涟树老苍,行穿溪树踏春阳"等经典名句,特别是他吟诵的"二十里松行欲尽,青山捧出梵王宫"诗句,非常生动地描绘了周边乡村及古松夹道的美丽景象,在鄞州及周边地区家喻户晓。

王安石所指的"梵王宫",就是宁波海丝文化的重要地标天童寺。天童寺始建于1700多年前的西晋初期,它曾迎来沿着海上丝绸之路传来的印度佛教,又沿着海上丝绸之路将本土化后的佛教传往日本、朝鲜、东南亚诸国。在中国宋、元时期,先后有32批日僧到天童寺参禅、求法,有11批中国僧人赴日弘法、传教。千年岁月中的你来我往,铸就了天童寺在海上丝绸之路中的重要地位。至今,日本的众多佛寺,如著名的东大寺、曹洞宗大本山永平寺,日本的许多石刻国宝,日本的茶道文化,日本的陶瓷技艺,都与天童寺有着绵延不绝的联系。从"圣地宁波、祖庭天童"

这句话可以看出，东吴是一个多么令人向往的地方。

因为有天童寺，于是就有了小白河头和小白岭古道，有了宋韵诗路——一条苍松夹径的"二十里松道"，有了小白塔、馒头石和揖让亭，有了两位宋代高僧和"甬上第一状元"张孝祥三人之间的一段佳话，有了王安石、舒亶、史浩、王蒙、陆游、范成大以及日本的荣西、道元等等一个个溢满生命芬芳的古人从这里缓缓走过，有了宋韵流淌、在"东乡十八街"中独树一帜的天童老街……

当然，东吴的精彩还远不止此，东吴的宋韵景致，还需要我们用眼仔细触摸每一处遗址，用心感悟每一个细节。

东吴的大涵山下，是宋代宁波最显赫的一个家族——四明史氏家族的发祥地。在南宋150多年的历史长河中，四明史氏从社会底层起步，经过几代人的努力，就跃到卿相显贵的地位，出现了"一门三丞相、四世两封王、五尚书七十二进士""满朝文武，半出史家"的盛况，缔造了"满朝紫衣贵，尽是四明人"的"鄞人时代"。无论史浩的"孝"情、史弥坚的"民"情、史嵩之的"军"情、史渐一门的"廉"情，无不萌生于这片人杰地灵的土地。树龄800多年的"宰相银杏"、连接东村与南村的府前桥，还有众多的墓道石刻，无不见证并述说着这个家族曾经的荣光。

东吴是宁波陶瓷文化的发祥地之一，是东钱湖窑场的重要组成部分，制陶炉火在千年历史长河中生生不息，历经风雨的文明碎片散落在村头巷尾及山坡脚下，目前保存较好的窑址有3处，均为宋窑。宋代，日本陶祖加藤四郎就是在这里学习了5年的制陶技术，回到日本后，他在濑户等地烧制成功一种被称为"濑户烧"的陶器，为日本制陶技术开辟了新的纪元。

从宋代起，东吴还是宁波青石的主产地。这里开采的胡郎岙石色绿而质脆，宜于装点园宅，以至近代"沪上西人喜用之"。

……

今天，当我们从小白河头流水人家的日常，沿着满目青翠的古道，观绿海锦绣、白鹭翔集，赏禅意胜境、宋韵雅致，抵达梵

生态东吴（胡学军摄）

音缭绕的东南佛国,一路领略王安石"二十里松行欲尽,青山捧出梵王宫"的诗情画意,便能感受到这里的宋韵看得见,摸得着,仿佛近在咫尺。

这就是东吴,它从历史中走来,悠远的历史成为她最美丽的底色;接过历史递呈过来的接力棒,新一代东吴人正在不断书写新的历史。

第一章
大田山下

宋韵东吴
SONGYUN DONGWU

宋韵东吴 NONGYUN DONGWU

那是一个风轻云淡的日子，距离明州城 35 里外的鄞东大田山，也就是今天东吴与五乡两镇交界的这个地方，那时还是与东钱湖相连的一片烟波浩渺的湖泊。那天，湖面上划来一艘小船，一位年近半百的读书人搀着年老的母亲上了岸，随行的还有他的儿孙，最小的不足 3 岁。山脚下，几间新搭的木屋静卧于幽美的湖边，一家四代人将在这里过上淡泊而悠然的隐居生活。

这位读书人可不简单，在当时的明州城里，他文章、学业、品行俱佳，是个专于学问、恪守"八行"却不愿做官的人，哪怕知州推荐、朝廷征召也坚不赴任，甚至不惜辞家隐居。只是他怎么也不会想到，那个随他而来的 2 岁多的小孩，若干年后将登上一个王朝政治舞台的中心，开启一个家族的荣光，也使宁波这座吴越江南之城跃升为浙东政治、经济、文化发展的中心。

这一年是公元 1108 年，宋徽宗大观二年的秋天。

这位读书人的名字叫史诏。那个 2 岁多的小孩，就是后来著名的南宋丞相史浩。

濒水而秀大田山

大田山，位于东钱湖之北，就是今天东吴的大涵山，地称史家湾。海拔 227.2 米，面积 1359 亩。山下及附近有甬台温高速公路及地铁 1 号线过境。

南宋宝庆《四明志》作"大含山"，亦称"大田山"。濒水而秀，山下为大涵山港,受东吴、小白两水之合。有大涵山桥。天霁风晴,则水光山色,上下相映。明成化《鄞县志》载:"自瓶窑山转北,突起崇峦,三面距水,有岩岩气象,关东吴之水口。"

宋代,对这一带产生过较大影响的人物就数史诏了。史诏是南宋时期鄞人"一门三宰相"中史浩的祖父、史弥远的曾祖父。他践行"八行"学说,因不愿去京城做官,带着母亲从明州城来到这峰峦叠嶂之下结庐,隐居讲学。大田山也因此成为宋代宁波最辉煌的一个家族——四明史氏家族的发端。在宋代绵长的时光里,玉女峰下这片美丽的土地上一直弦歌不绝,风雅相继。

"八行先生"史诏

在南宋150多年的历史长河中,四明史氏从社会底层起步,经过几代人的努力,就跃到卿相显贵的地位。其中的关键人物便是史诏。

史诏是四明史氏的第三代,他的祖父史成从江苏溧阳迁鄞,是史氏在浙东的始祖。据宗谱记载,史成育有三子,长子无嗣。幼子史翰有一子二孙,但很早就离开了明州,从此杳无音信。因此,

"八行先生"史诏像

后来的整个家族都是次子史简的后裔。

史简（1034？—1058），字廉夫，家族资料称他"端方儒雅，孝廉闻名"。一次，慈溪的学者叶世儒来明州，见史成家朴素清雅，就入堂稍事休息。史成的儿子史简当时才10岁，见客人来到，便"行止端方，从容至前，长揖而待"。叶世儒十分惊奇，心想此间竟有如此明理识礼的孩子，真是难得。当即便把孙女许配给了他。这就是史诏的母亲、史浩的曾祖母叶氏。

叶氏自幼"静深婉淑"，嫁到史家后更是一个标准的贤妻良母。根据史学家全祖望记载，史简是州衙里的一个小吏。州城每年八月早谷登场后，都要在月湖上竞渡龙舟。四面八方来看龙舟赛的人聚集在湖边，吆喝声、锣鼓声此起彼伏。史简的母亲很想去看，但因家道中落，只好把这个念头埋在心里。

史简得知母亲的这一心愿后，就想方设法变卖衣服、家什等用品，陪母亲来到月湖。那天，史简考虑得非常周到，因为岸上人多，他怕母亲受到挤压，就特地雇了一条小船，准备了一些瓜果，然后带上母亲，嘱人将船划到湖中，侍候母亲看龙舟赛。正当母子俩看得兴高采烈时，州官突然来叫他去办理一桩紧急公务，史简这时已卖掉了稍微体面点的

叶氏夫人像

衣服，身上穿的是粗衣短褂。他胆战心惊地来到衙门。州官见他不但迟到，还这副打扮，大失礼仪，就当场训斥了他，还革去了他的公职。自尊心很强的史简回到家中，闷闷不乐，不久便忧郁成疾而亡，年仅23岁，留下了一儿一女。

关于史简的英年早逝，元代史学家袁桷编撰的延祐《四明志》则记载他是县尉的一个从事。这个县尉广开告讦之门，经常收受他人贿赂。在罗织了一位受害者的罪名后，吩咐史简去实施杖刑。史简是个有良知的人，知道对方冤枉，可上司的命令不能违背，只好在杖首上涂了些血色杂物，象征性地打了几下便去交差了。不料这个举动被县尉看穿，县尉改令杖打史简，史简伤重，没几天就去世了。

史简去世时，夫人叶氏只有25岁，又有身孕。丈夫一死，失去了生活来源，她怀抱幼儿幼女日夜哭泣。不久，幼儿夭折，这对叶氏又是当头一击。父母要她趁年轻再嫁，她誓死不从，但如何守住家门却是茫然无策。叶氏只能把希望寄托在腹中的孩子身上，指望能生一个男儿传宗接代。嘉祐二年（1057）十一月二十九日，叶氏如愿产下了一个男婴，取名史诏。

几年后，叶氏家中已是萧然四壁，一些好心人又来劝她改嫁，说："你眼前饥寒交迫，这样下去何时是个头？还不如趁着年轻，找一户好点的人家，总有个帮扶，孩子也能吃上一口热饭。"叶氏回答道："我已立志不再嫁人。只要好好教养儿子，将来一定能成家立业，我心甘情愿接受命运的安排。"

过了几年，同房叔伯提出分家，又劝告叶氏："你家儿女这么小，万一有歹人来怎么办？"叶氏不为所动，立誓守节。

叶氏抚养史诏，克勤克俭，节衣缩食，有时只能喝上一点稀粥，但她深知读书的重要，不管自己吃多少苦，都要让儿子进学馆。史诏也是个争气的孩子，他拜著名学者楼郁为师，常常用古人"悬梁刺股""囊萤夜读""凿壁偷光"的故事激励自己，书读得很好，更懂得体贴母亲，晓得母亲把自己养大、供自己读书是何等不易。

史诏成人后，即开设学馆教授学童，虽然家境还是贫寒，但他有一颗怜悯的心，经常急人所急。如对因交不起官粮而想卖子偿还的，他送去钱物；对丧葬无地的，他买下一块山给以安葬；对家贫上不起学的，他接到家中无偿施教。

一次，有位学生遗失头钗，心慌意乱，不敢回家。史诏见其窘况，毫不犹豫地拔下自己的头钗送给他。又有一次，史诏在路边看到一个将饿死的人，连忙脱下自己的外衣给他御寒，又从家里拿来食物，让他吃饱后，还送给他干粮。

史诏之所以能这样做，是因为他有一个勤俭、明理的母亲。叶氏深知穷人过日子艰难，因此一等史诏能养家了，就尽力帮助需要帮助的人。根据地方志记载，叶氏先后收养了多个被遗弃的女孩，与她一起以纺织为生。美国汉学家戴仁柱认为，叶氏应该是一个较早的城市小工场主，虽然通过纺织赚来的钱不多，但相较于之前的拮据，一家人的经济状况已经有了明显改善。

史诏17岁时，母亲为他娶了比他大3岁、出身平民的徐氏为妻。史诏与夫人所生的第一个儿子以"师"字辈名之，名"师仲"。元丰六年（1083）六月初十，又生仲子，取名"师才"（政和八年登进士）。之后，有季子师木、四子师禾、五子师光。

叶氏对史诏的身教，不亚于《四书》《五经》的作用。她待妯娌和睦有礼，对仆婢严而有恩，救济穷人从不吝惜，在乡间传为美谈。明州知州楼异，每逢大年初一，总要登门送贴祝贺，称赞她："黄卷教成遗腹子，白头亲见起家孙。"

史诏淡泊名利，不求功名，每到大比之年，别人都忙着赴考，他却避而不去。他还常说："没有母亲的守节治家，就没有我史诏。"立誓母子决不分离。

史诏的抱负是要改善当时的社会风尚，他认真研究了历史上各种社会现象，以及家庭、上司、亲属之间的关系，于是大力践行当时社会倡导的"孝、悌、睦、姻、任、恤、中、和"八行准则。"八行"中的孝悌，表示顺从，孝是小辈要服从长辈，悌是善事兄长。睦姻是和好和亲近。任，是相信、依赖。恤是同情的意思。中作"忠"解，是忠于君主。和，相安谐调。"八行"内涵对改变社会风尚有着积极意义，反映了封建社会中人际关系的文明导向。

大观元年（1107），朝廷立"八行"取士，凡具备"孝、悌、睦、姻、任、恤、中、和"八字品行，身体力行，做得好的，可以免试入太学。史诏作为当地的儒家道德典范，自然受到了明州官员的热忱推荐。

那个时代，哪个人不想入太学呢？然而，面对这从天而降的好事，只有史诏坚持"父母在，不远游"的古训，毅然放弃了唾手可得的做官机会，而此举更是提高了他在明州的声望，乡人都称他为"八行先生"。由于明州知州不断催促他奉旨进京，史诏就带着母亲离开原住地，一路向东，沿河绕道，穿越田野，一口气走了35里地，来到了峰峦叠嶂的大田山下。这里三面濒水，受东吴、小白两水之合，又分分叉叉，可谓五港之合。这处内河的港湾，"天霁风晴，则水光山色，上下相映"。大田山由此成了史氏家族的发祥地。

大田山位于东钱湖之北，属今东吴镇的大涵山，地称史家湾。后明州知州闻知，特地追到偏僻的大田山，再三陈述利害关系，要他进京。史诏仍固辞不行。宣和年间（1119—1125），徽宗再

地处大涵山下的东吴镇西村史家湾

次下诏书征他，又不去。

史诏在大田山结庐耕读，教书育人。他曾写下一首《山居诗》，反映了他执着寻求俭朴生活的志趣：

> 斗酒藏春瓮，开轩有客迎。
> 烹鲜供母箸，督仆佐春耕。
> 果园霜前熟，山禽雨后鸣。
> 市朝风味好，输我一般清。

大田山的史诏居室史称"奉母堂"。清全祖望有诗《史越公奉母堂》：

> 大田山下路，兰叶遍南陔。
> 烈考原纯孝，孤儿敢不才。
> 白华真有种，苦蓼莫衔哀。
> 一线酬名德，孤根振死灰。
> 薪传由正议，征命谢天台。
> 八行科何羡，终身慕未衰。
> 北堂遵乐育，孤女广栽培。
> 讼以观型化，风因锡类开。
> 招魂怜五世，笃庆在中台。
> 他日崇家讳，良非雅素来。

据家族资料记载，大观二年（1108）十月，宋徽宗赵佶感佩史诏的为人，赐号"八行高士"，御书"宋征聘八行太师敕命"予以表彰。

南宋建炎三年（1129），金兵攻陷明州，史诏第三子史师木"合姻戚族党二百五十余口"坐船到舟山一带避难。金兵进发海滨，路过大田山史诏里居，问被俘乡人："此何人家？"俘曰："史孝子家也。"金兵遂书其门曰："勿犯善人家。"

追溯史氏家族，史诏的父亲史简"至孝承先"，史诏在母亲叶氏的言传身教下，严于律己，又孝顺母亲，励志读书，"八行"兼修。他们的举止言行为后世树立了典范。宝庆《四明志》称："论资排辈'八行'先生诏第一。"

叶氏于政和八年（1118）卒，享年86岁。11年后史诏去世，享年73岁。后其孙史浩入仕后，宋孝宗赠太师，封越国公。

史氏家族之所以"一门三宰相，四世两封王"，是有其深远的精神渊源的，这其中重要的家族传统之一，就是史诏终生奉行的"八行"准则。它是史氏家族道德品行的积累和归结，是留与世人的精神财富。

焦瑗讲学大田山

史诏之后，大田山一带有影响力的人士，就要数山东士人焦瑗了。

两宋是浙东学术文化从草昧走向繁荣的重要时期。北宋庆历年间（1041—1048），以杨适、杜醇、王致、王说、楼郁为代表的"明州五先生"著书授徒于乡里，开一代风气之先。那时，宁波的书院数位居浙江之首，而鄞县的书院又位居宁波首位，湖山秀美的东钱湖周边，一直是古代书院筹建的理想选址地。

据《四明谈助》载，大田山下有焦征君讲舍，又称焦先生书院。绍兴年间（1131—1162），山东布衣焦瑗寓此讲学。传伊洛之学，让大田山下这片美丽的土地在绵长的时光里一直弦歌不绝，风雅相继。

伊洛之学为北宋程颢、程颐所创的理学学派。二程为亲兄弟，均为河南洛阳人，长期在洛阳讲学。后来程颐又居临伊川，二人讲学于伊河洛水之间，因称其所创学派为"伊洛之学"，也叫洛学。

洛学以"穷理"为主，认为"天下之物皆能穷，只是一理"，"一物之理即万物之理"，主张"涵养须用敬，进学在致知"的修养方法，目的在于"去人欲，存天理"，把三纲五常视为"天下之定理"。洛学奠定了宋明理学的基础。其后，宋代的朱熹、陆九渊，明代的王阳明，在二程开辟的方向上发展了理学。

而将洛学传入浙江的，正是由山东避地至鄞的焦瑗。

焦瑗，字公路。尝从学于程颐。因精于学业，在北宋学界已经广受赞誉。靖康之变后，他南渡来到甬上避居，避居期间仍不忘传播知识，在大田山麓创办了焦征君讲舍，聚徒讲学，弟子众多，对理学在东南的传播起到了重要作用。《宋元学案》记其事说：

> 先生家居必修容，虽见妻子不少情，出于物接，动必中礼，后生辈多远之，而习为夷居之流者甚且非笑之，而先生不顾也。已而渐有从之者，望之俨然，即之温然，则已心折。及详叩其议论，则有大过人者，始皆顾附讲席，而信丰公之誉为不虚。及先生殁，而弟子遵其礼法，如先生无恙时。虽极贵显者，其容止庄敬，衣冠端严，人之见之，不问皆知其为先生弟子也。

从这段话可以看出，焦瑗十分讲究礼法，即使在家里，也非常注重仪容的修整，在妻子和孩子面前也不懈怠。在外面，他待人接物，都恪守礼节。刚开始时，由于他的这些做法与乡间的生活习惯格格不入，那些后生辈对他多敬而远之，有些傲慢无礼的人还在背后非议嘲笑他。等到后来大家都慢慢了解他了，并且发现焦瑗对于时事以及义理的评论和见解都大大超越常人，就都开始追随他，除了农家弟子，明州城里名门望族的子弟也慕名而来，拜他为师。

焦瑗去世后，他的弟子还像他生平教诲的那样遵其礼法，即使那些极其显贵的弟子，待人接物也不敢有丝毫的傲慢，都非常注重自己的个人形象，行为举止、一言一行都很端庄。人们看到了，不用问，都知道那是焦瑗的弟子。一直到清代，焦瑗的学问、人格在鄞地仍具相当的影响力。史学家全祖望叹曰:"甬上乾淳之盛(指宋孝宗期间政治清明、社会稳定、经济繁荣、文化昌盛),孰非先生所首导哉?"他曾写下《咏大涵焦隐居讲舍》一诗:

光尧临御日,洛学正褒崇。
乃有游杨侣,偏追箕颍风。
翘车辞上相,微尚托冥鸿。
小隐大涵水,长瞻太白峰。
道高心倍古,德盛礼弥恭。
慨自夷吾辈,相寻放诞中。
乍逢惊岳岳,侍久始融融。
渐醉醇醪味,同游元气冲。
签书传正派,端宪溯芳踪。
学录遗高弟,图经失寓公。
征文原脱落,考献益溟蒙。
一线从谁考?陈编赖直翁。

除了全祖望,清代还有多位学者访大涵山,赋诗礼赞焦瑗,如:

过大涵山访焦先生隐迹
〔清〕董文升
胜地留真隐,波光湛若虚。

东州高士望，南波寓贤居。
洛学传薪火，丰公谢荐书。
溪毛无片席，临吊一踌躇。

焦征君讲舍

〔清〕忻文郁

理学渊源振浙东，大涵山下寓焦公。
数椽风雨林泉外，几辈英豪谈笑中。
门著清规应养鹿，心甘冥迹是飞鸿。
征君遗事谁人续，赖有陈编史直翁。

栉风沐雨大涵山桥

岁月沧桑，焦征君讲学之地今已不存。根据相关史料分析，它的具体的地点，应该就是在大涵山下，即今大涵山桥的附近。

东吴镇境内，有东吴河、小白河、后塘河、沙江河等五条河流交汇，形成星罗棋布的水乡格局。大涵山山脚下就是五条河的交汇处。此处河道极为开阔，看起来更像一片湖泊，水面平静，经常有鸭子在水中游来游去，时不时有飞鸟从水面掠过。因为它在历史上曾是一个港口，因此被称为大涵山港。

这段河里有一座古桥，被称为大涵山桥，横跨于东吴河、小白河、大涵山港与后塘河交汇点上。因桥与大涵山相连，故以山名桥，称大涵山桥。源自鄞东第一高峰太白山的清流汇入三溪浦，流经东吴镇，过此桥后与小白河汇合，又分三路流向鄞东七乡。因此，大涵山桥所处的五水交汇处又称五港口，水面宽达50余米，深2.5米以上，为后塘河最深之处。每当风起云涌，五港口浪涛汹涌，舟船常有倾覆之危，故此地有"虎关"之称，大涵山桥亦被称为虎狼关桥。

桥旁边曾有一座镇福寺，后来被拆除，如今成了一片平地。据史料记载，大涵山桥初建于唐，在宋、元、明、清时期都曾经过重修，是今东吴镇生姜村和史家湾自然村之间往来的主要通道，也曾是鄞东和宁波之间的主要通道。遥想当年，宁波的文人学士、富家子弟，一批批慕名来到焦征君讲舍，就是从宁波坐航船，在这里登岸。

清朝末年，曾任浙海关代理税务司的英国人包腊来到大涵山桥，用相机拍下了这座桥，为我们留下了宝贵的历史影像。在包腊拍摄的照片里，大涵山桥横跨河上，镇福寺立于河畔。这张老照片如今被英国布里斯托大学所藏。

大涵山桥略呈弓形，桥面是用长且薄的条石铺排而成，共有三排条石，两侧为桥栏石。桥全长约14米、宽约2.3米。两边的桥埭各有11级石阶，桥下还设有纤道。

桥栏石外侧刻着"大涵山桥"字样的桥额，这四个大字只刻了一个轮廓，因此不仔细看并不明显。北面桥栏外侧有"万历戊戌吉旦""道光庚子岁仲春月吉立""宣统庚戌岁春仲月"等字样，是历次重修时留下的。桥墩上刻有"俞伦言喜助排柱一根"和"大元延祐六年岁在己未良月吉日重建"等字样。据此推断，现桥的建成时间应该是元朝延祐六年（1319），它是宁波现存有确切纪年的历史最长的石墩石梁桥。

在宁波的古桥中，有明确纪年的宋代题刻，到目前还没有发现过。元代的题刻，只见于今奉化区江口街道南渡村的广济桥，而且也不是正式桥联的落款。由此可知，这副桥联该有多么珍贵了。

大涵山桥桥墩正上方的承梁石上各有两只神兽模样的石雕，显得与众不同。宁波现存的石梁桥，承梁石大多是方头素面的形式，如果有雕刻的话，一般也是晚期桥梁，形式上以龙头居多。而此桥刻的却是兽面，龇牙咧嘴，圆目怒瞪，系传说中的"蚣蝮"，

大涵山桥（任亚琴摄）

即"龙生九子"中的第六子。它立于桥侧,用来镇吓兴浪作涛的水怪,一般都出现在早期桥梁上,如今宁波也仅见此一例。

对一座桥来说,桥墩是至关重要的。大涵山桥的独特之处就在于桥墩,它不像一般石桥那样用石块叠砌,而是先从河下的岩基上,用厚三十几厘米的巨型条石,一层一层平叠至水面附近,然后才用6根(重修后为5根)排柱并立。排柱净高3米,两头有榫,分别插入基石和承梁的卯眼之中,这种结构看似轻巧,实际上却很稳固,数百年来它已经受了无数次洪水冲击,至今完好无损。

水下部分的墩石,迎水一头凿成分水尖,用来分水势;水面以上的排柱,厚度只有二十几厘米,用来防止上游洪水挟带而来的草木缠绕与冲撞。现在桥墩石上仍镌有一副桥联,建造者将其嵌在桥墩正中,既作桥柱,又成了名副其实的"对联",联曰:"桥梁固日月长溪山如旧;地脉灵车马富人物还新。"据悉,这是宁波现存最早的桥联,联中的"地脉"即指大涵山。

有专家分析,桥墩厚薄要合于水流的缓急,太薄要出险,过厚会加大水流的冲击力,更要把握好常年流量与突发洪水的冲力变化。关于这种单向推力桥墩的建造理论,法国桥梁专家在19世纪才有研究成果发表,而大涵山桥在千年前已经应用了这个原理,这是鄞州古代工匠的伟大创造,对研究古代桥梁科学和工程技术都有很高的价值。

历史上,文人墨客经过这里无不诗兴大发。清代有位诗人从大涵山桥上经过时夸赞:"合沓群峰绕,荒村数点烟。黄飘辞树

1870年拍摄的大涵山桥（英国布里斯托大学图书馆藏）

叶，青见出山泉。平野收残雨，长河泻远天。永怀庐墓志，渔钓淡忘年。"

  栉风沐雨，沧海桑田。大涵山桥穿越千百年的时光，仍然在静静地注视着岁月的变迁。1997年，在兴建沈海高速公路时，为避让这座貌不惊人的古桥，有关部门变更了原先的设计方案，不惜多花数百万元，劈山绕道，在附近又新建了一座大桥。如今，古桥东边的引桥和路面被拆除了，但桥的主体犹存，虽然是一座残桥，可依然能领略它当年的风采。桥的北面还保持着原来的样子，河面宽阔，河水平静，蓝天白云倒映在水中，四周是绿油油的庄稼和树木，景色宜人，犹如世外桃源。

第二章
丞相故里

宋韵东吴
SONGYUN DONGWU

在宁波历史的天空中，至少有四颗巨星曾经熠熠生辉。一是思想大家王阳明，二是藏书大家范钦，三是清官大儒王应麟，四是南宋丞相史浩。

史诏之后，随着中原儒学精髓不断浸润鄞县这方土地，四明各地学风大盛。"为士者日众，善人以不教子为愧，后生以无闻为耻。"读书应举成为士人的共同追求。受此影响，史诏的儿孙陆续走上了科举之路，并迅速脱颖而出。

那么，以忠孝"八行"载入史册的史氏一门又经历了怎样波澜壮阔的一生？史浩、史渐及其后裔与东吴又有着怎样的联系呢？

史浩的"孝"情

史浩，字直翁，其家族最早居住在城区张斌桥，后随爷爷史诏移居东吴大涵山，当时，他还是一个2岁多的小孩，从此，一家四代在东钱湖畔定居下来。

史浩的父亲史师仲，7岁便能作诗，据史籍记载，他"应声挥毫而落纸，出健句以惊人，坐客不敢以孩视"，曾"游太学，藉藉有誉"。他清醒地感受到宋徽宗时期太平盛世表象下士风萎靡、贪图安逸、武备松弛的危机，以致"忧国而亡"。

史浩像

而以史浩为代表的史姓人物，不仅开创了"一门三宰相，四世两封王"的名门望族传奇，而且创始了爱国、慈孝、禅心等厚重的历史文化传统。从这个意义上讲，史浩是宁波历史上的一位伟人，其思想文化之光始终辉耀在人文荟萃的宁波。

史浩少年时就能继承家风，恪尽孝道，认为家人亲人之爱是发自内心的自觉。一次，他和弟弟坐牛车玩耍，正当两人玩得十分高兴时，拉车的牛却不知为什么发起狂来，又跑又跳地往前奔，整辆牛车完全不受控制了。弟弟吓得大哭。史浩虽然也很害怕，但还是一边控制牛绳，一边安慰弟弟，眼看牛车快要散裂，兄弟俩不知如何是好。

这一情景让几位壮汉看见了，他们立即挺身而出，一起追逐发狂的牛。史浩见有人来救，就不顾自己的生命危险，大声说："快救我弟弟，快救我弟弟！"于是，几位壮汉先将史浩的弟弟救下车，并在牛车即将四分五裂之际，将史浩也救了下来。事后，大家都称赞史浩，在最危急时，首先想到的是弟弟的安全，这份手足之情难得。

北宋宣和六年（1124），史浩的父亲史师仲病故，当时史浩才18岁。父亲临终嘱托，作为长子长孙，要承担起孝顺祖父的责任。史浩一诺千金，以后数年，他一直陪伴在祖父史诏身边。南宋建炎三年（1129），金人攻陷明州，史浩搀扶着祖父逃难，躲到荒凉的海岛，最终安全脱险。然而，73岁的祖父经受不起战火的惊吓和奔波，回家不久就去世了。史浩恪守家风，为祖父守孝三年。

因为财物尽被金人掠走，所以家境极度贫困，但史浩谢绝叔父的接济，坚持自己养家，由此也养成了有事能忍，处事多思，不怕磨难的性格。

为生活所迫，史浩带着母亲洪氏到天童街投靠亲友钱氏。青年史浩就隐居在鄮峰读书，自号真隐居士。这儿距天童寺、育王寺很近，史浩就常陪着母亲到天童、育王进香。"迸云佛塔金千寻，傍耸滴翠玲珑岑。春供万象当远目，响答两地纷啼禽。风摇野帻去复去，露浥乳窦深尤深。寄声俊逸鲍夫子，莲社不挂渊明心。"这是史浩在《次韵鲍以道天童育王道中吴体》的诗句。

当时任天童寺住持的是宏智正觉禅师，他自南宋建炎三年（1129）来到天童寺，倡导"默照禅"，弘扬曹洞宗风，并建禅堂，扩大山门，筑宝阁，奉千佛，使天童寺得以中兴，成为当时的禅学中心。

史浩偶尔也陪母亲去听说法。宏智正觉说法有两个特点，一是以圆相为禅机，借以开悟听众，作为禅机，是一种无可表示的表示，旨在获得听众的心灵默契，但要求说法者有颖慧之心。二是文采丰富，常常出口就是诗句，如"风月寒清过渡头，夜船拨转琉璃地，冻鸡未报家林晓，隐隐行人过雪山"。语句中往往清空灵动，既有禅家的理趣，也能传达超远的意境。史浩深受影响，对学诗也很受启发。

禅的兴起与发展，对宋代诗歌发展起到了不容忽视的影响。禅宗在北宋拥有一大批高雅的信徒，如范仲淹、王安石、苏东坡、黄庭坚等。这样，大量的禅宗术语就被引进到诗句中，士大夫们在作诗时不断渗入佛教的思想资源、语言材料及表达方式，禅悦之风盛行一时。

史浩就这样不知不觉地接受了宏智正觉的默照禅。宏智正觉在《默照铭》中说："默默忘言，昭昭现前。鉴时廓尔，体处灵然。"又在《坐禅箴》中说："不触事而知，不对缘而照。"他主张闭目沉思，在寂然静坐中进入一种无思虑的直觉状态，这就是禅的状态。正在努力学诗的史浩就把古人的诗思和宏智正觉的禅思相沟通，认为学诗也必须进入清心虚静的默照状态，才能心如镜鉴，反映万象。他在《赠天童英书记》诗中云："学禅见性本，学诗事之余。二者若异致，其归岂殊途？方其空洞间，寂默一念无。感物赋万象，如镜悬太虚。不将亦不迎，其应常如如。向非悟本性，未免声律拘。"史浩诗中的这个英书记，是宏智正觉的弟子，是禅林中专管书写的僧人，也是史浩的朋友。诗中说的"寂默"，明显是受了宏智正觉"默照禅"的影响。

随着史浩对默照禅的接纳，他与宏智正觉的来往也越来越密切了，并且对宏智正觉十分敬重。绍兴十年（1140），史浩约宏智正觉游东钱湖，并题《东湖游山》："金襕禅老今大颠，坏衲蒲团日坐禅。我行不问西来意，消息还将方寸传。""日坐禅"中的"禅老"就是宏智正觉。不仅是宏智正觉，天童寺的很多禅僧他都引以为友。

绍兴十一年（1141），史浩过东钱湖韩岭，即歌道："四明山水天下异,东湖景物尤佳致……中有村墟号韩岭,渔歌樵斧声相参。"这一年史浩35岁,住在东钱湖下水,有《下水庵晓望偶题》:"疏树梢头露晓星,薄寒侵榻睡初醒,沙鸥何处惊飞起,点破遥山一抹青。"他不但诗文俱佳,而且更加成熟稳重了。

绍兴十四年(1144),正值其母60岁生日,因为家贫,史浩便到天童街亲友处借来坊钱,为母亲祝寿。出于对母亲的一片孝心,史浩安排寿礼十分隆重,却因此欠下了一笔数目不小的债。那一年史浩38岁。

坊钱本属浙江常平司,相当于现在的银行贷款。到了秋天,因为还不了坊钱的本利,史浩十分苦恼,不得不跑到绍兴去躲债,住在一个姓汤的卖饼婆婆家里。这时候,一年一度的乡试快要到了,胸有一腔抱负的史浩因为没钱,不能回家准备考试,心里非常焦急、苦恼。

卖饼婆婆是个好心人,知道史浩是个孝子,看到史浩因为没钱去参加乡试而犯愁,就非常同情。她将儿子们叫到一起商量,说:"我已积蓄了一千钱,准备用来办理后事的,现在史浩因为没钱去准备乡试,我想借给他,好让他一心去应试。"儿子们也都同意母亲的意见。于是,卖饼婆婆慷慨地将自己准备买棺材的钱借给了史浩当盘缠,还帮他还清了借来的坊钱。史浩得到婆婆的帮助,这才回到明州,报名参加乡试并一举成功,后来参加会试,又考中进士前十名。

史浩做官后,马上将钱悉数归还给卖饼婆婆,并且对卖饼婆婆一家一直心怀感恩，曾多次派人用车将卖饼婆婆接到家中，让她坐在堂上，接受他恭恭敬敬的礼拜。后来史浩的儿子史弥远也常去卖饼婆婆家，在她的遗像前跪拜，与她的儿子一起叙旧。一次慷慨，一世感恩，两家三代人因此亲如一家，这在当时成了一段佳话。

史浩后来在京城做了丞相，但心里总是记挂家中的母亲和妻儿，每逢八月十五中秋节团圆日，总要从临安赶回家乡同亲人团聚，与民同乐，一起在月湖赛龙舟，赏明月，吃月饼。不料有一年，他在返乡过中秋的路上，因为马失前蹄受伤，无奈夜宿绍兴，于次日才匆匆赶回家中。于是一家人在月上东山时，重设供品祭月，共度佳节。当地百姓也等到此日和史浩共度中秋。之后，也就有了宁波人过八月十六中秋节的习俗。

史浩一生忠孝、宽厚，丞相任上说服孝宗，为岳飞平反，还向孝宗推荐了陆游、杨简、陆九渊、袁燮、朱熹等一批有识之士。他怀抱着一颗清辉的心开启了史氏名门，与其子史弥远、侄孙史嵩之（史弥远之侄、东吴南村人）三代为相，造就了史氏"一门三宰相，四世两封王"的辉煌基业，成为史氏家族官德的楷模和政治传统的引导者。楼钥曾说："弥大、弥远，皆登进士第；弥正、弥坚，亦累举春官。人以是服公之教子也。"

史弥坚的"民"情

东吴镇南村宝华山，山上曾有一座世忠寺，故又叫世忠寺山。

史弥坚像

世忠寺为南宋时期政治军事人物史弥坚家族的功德寺。清同治《鄞县志》记载："赠太傅资政殿大学士谥忠宣史弥坚墓，宝华山南麓，建世忠寺以奉香火。"民国《鄞县通志》也载："世忠寺，宋咸淳间建。"宝华山风光旖旎，山涧溪流潺潺，山中古木参天，南宋一代"干臣"史弥坚及其家族后裔，就长眠在这片青山绿水之中。

史籍中，对史弥坚事迹的记载少之又少，它的光泽似乎被3位当丞相的父兄所遮蔽，但透过一些碎片化的记载，我们可以看出他是一位醉心于地方治理、精明强干、政绩斐然的官员，他曾雄心勃勃，试图"辅中兴，擎天作柱"，但由于兄史弥远居相位，为了避嫌，他主动远离朝堂，长期任职地方，甚至不惜在从政的巅峰期放弃政治前途。从中，也让我们看到史氏家族独特的家风，那就是：不搞权力拉扯，不讲裙带关系，公私分明。

年少便有智谋

史弥坚（1166—1232），字固叔，一字开叔，号玉林，别号沧洲，南宋庆元府（今宁波）鄞县人，为史浩幼子，宁宗、理宗两朝丞相史弥远的胞弟。

史弥坚年幼时"警敏端正"，史浩以之为奇。袁桷在《清容居士集》中记载了这样一件事：太子妃李氏妒忌心强，非常霸道，孝宗想把她给废了，便私下与史浩商议，史浩"退朝有忧色。弥坚时侍侧，问其故，忠定（史浩）愀然曰：'李妃悍恶，上欲废之，念未有以对。'（史弥坚）即应曰：'嘉王即位，母子位号必改正，今所言议者当执咎。'忠定愕然曰：'计得矣。'翌日见上，议遂寝"。从这段话中可见，史弥坚年少便有智谋，而且所虑深远，如果父亲赞同废黜李氏，则其子嘉王即后来的宁宗皇帝即位后，必然会对"今所言议者"也就是史浩一门进行秋后算账，因此，史浩才有了正确的应对之策。后孝宗将自己的同母兄、崇宪靖王赵伯圭之女许配给了史弥坚。《清容居士集》载："忠定越王（指史浩），淳熙中召赴德寿庆寿班，孝宗曲宴问曰：'太傅幼子，今何姻？'忠定谢：'不敢。'孝宗曰：'吾为太傅成之。'是时，崇宪靖工伯主女方笄，即封新安郡主，以嫁忠宣（指史弥坚）。"

治政必先安民

史弥坚年少时师从杨简、郑清之。杨简是南宋著名学者，"淳熙四先生"之一；郑清之为南宋后期宰相。史弥坚好学上进，虽没有考中进士，以荫补入仕，却颇有政治才干，初入仕为临安军器监。此后，据咸淳《临安志》载：开禧二年（1206），史弥坚任两浙路转运判官，兼权知临安府，次年，除权兵部侍郎。兄史弥远担任丞相后，为避嫌，他于嘉定元年（1208）出任潭州（今长沙）知州，兼湖南安抚使。

史弥坚初到潭州,就碰到了一件非常棘手的事。原来,这年二月,因天灾影响,湖南郴州一带庄稼歉收,桂东黑风峒的瑶族首领罗孟传(又名罗世传、罗孟仁)揭竿而起,并唱出了"蝗灾旱灾苛税重,不如投奔黑风峒;饿死逼死命一条,拿起刀枪反朝廷"的歌谣,当地瑶民纷纷加入起义队伍。

史弥坚了解到起义队伍中的多数人是为饥寒所迫,生活艰辛,尤其是粮食特别匮乏,便决定对义军进行招抚。他派人给黑风峒送去了一批粮食和食盐,并修书上奏朝廷,要给首领罗孟传授予官职,获得了批准。罗孟传闻讯后很高兴,表示接受招安,归顺朝廷。就这样,史弥坚成功平息了罗孟传起义。罗孟传后来再度起义,于嘉定四年(1211)九月,被部下胡有功所杀。

史弥坚在潭州任职时间不长,嘉定三年(1210),他受命出任福建建宁知府。

建宁一带多为山地,百姓平均拥有耕地很少,他们终年劳作,却往往入不敷出。若逢水旱天灾,有贫弱者甚至贩鬻妻儿,流离饿死。

针对这一情形,史弥坚发动当地好义举、有德行的乡绅开设义仓,"差本乡土居或寄居官员、士人有行义者与本县同共出纳"。地方志载,他几次三番地向穷人施以柴米、衣物、药物之类。有人无田可耕,有人无屋可居,有人子女成年而没能婚嫁,他都心情急切,积极主动地去办理,就像办自己的事一样尽责,一时政绩斐然。

勤勉遗泽镇江

嘉定六年（1213），史弥坚调任江苏镇江知府。

当时，宋金已议和多年，但金兵仍时不时南下袭扰。南宋立国之初，将主要兵力部署在巴蜀、荆襄、两淮地区，成为巩固南宋政权的第一道屏障。宋高宗定都临安，长江沿线的城市则成为拱卫京都的第二道屏障。镇江北临长江，有京杭运河与临安相连，一旦失守，金兵便可溯河而下，因此，镇江是南宋时期的一方江防重镇。

要防御金人入侵，首先需要加固城墙。史弥坚通过调研发现，镇江府仅有子城一座，且城门守卫松弛，龙蛇混杂。此外，镇江的西北直接大海，易遭海盗滋扰。于是，到任的第二年，他就决定重修罗城，对镇江的城防体系进行全面的修缮和改造，增开城门7座，把北城墙延伸至北固山后峰之巅。据《嘉定镇江志》记载：史弥坚"乃创修罗城诸门……凡旧城之圮者墙而塞之"。史料记载："其时，镇江府城城墙周长十二里许，高两丈六尺。"上世纪90年代，镇江的考古工作者曾绘制出了宋代罗城的布局图：北城至长江路，经北固山折转，东抵大学山、气象台山一线，向东南方向延伸，西至鱼巷—山巷—线，经登云山路口折转，经阳彭山，南绕天福山，与东城垣抱合。

同时，为加强镇江城厢市井的安全，史弥坚在城内设置了28处负责巡逻的巡铺所。《嘉定镇江志》卷十载："初，厢无巡铺，官无军巡。待制史弥坚谓，滨江为郡，军民错处。戢奸弭暴，宜不若是疏。乃于五厢江口镇创置巡铺二十八所，以二十八宿为记。铺各厢军二名，专充巡徼。东西厢五铺，左北厢五铺，左南厢五铺，右南厢五铺，右北厢五铺，江口镇三铺。"至今，镇江城的右南厢还留有当年"娄字记"巡铺印记的"娄巷"之名。

史弥坚还发起创建了镇江喜雨楼。喜雨楼号称宋代京口第一名楼，建于嘉定七年（1214）。中国古代地理著作《方舆胜览》载："楼在城内，规模宏壮，占一郡胜处，颇有登览之快。"因为开工之日，久旱的镇江忽然下起了雨，到收工之日，又逢下雨，于是，史弥坚就命名这楼叫喜雨楼，并亲自撰写记文。宋代诗人戴复古（号石屏，台州黄岩人）赋诗祝贺，诗云："京口画楼三百所，第一新楼名喜雨。"此地遂称镇江第一楼街，此名也一直沿用至今。戴复古诗全文如下：

京口喜雨楼落成呈史固叔侍郎

京口画楼三百所，第一新楼名喜雨。
大鹏展翼到中天，化作檐楹不飞去。
一日登临天下奇，华灯照夜万琉璃。
上与星辰共罗列，下映十里莲花池。
泰山为曲海为酿，手挈五湖为瓮盎。
银糟香沸碧瑶春，歌舞当垆多丽人。
使君歌了人皆饮，更赏谷中花似锦。
五兵不用用酒兵，折冲樽俎边尘寝。

兹楼屹作东南美，孰识黄堂命名意。

特将此酒噗为霖，四海九州同一醉。

喜雨楼，后来成为宋代文人宴集之所，颇有名气的李友山诗社诸诗人，曾在喜雨楼中以大鹏为赋，留下不朽诗篇。如今，喜雨楼已不复存在，老街也已拆除，新建的第一楼街已改造为现代化商业步行街，只有横秋堂仍印证着这条古街悠久的历史。

镇江城内渠岸狭窄，有很多宽不满一尺。嘉定十一年（1218），镇江闸口水道淤塞，原有通接潮汛、调节启闭的五闸也因此"积岁不开，木圮石泐"，这样，船只在镇江进运河，被迫沿江东而下，从江阴逆五泻之水南行，从无锡西北绕入。此外，在贯通镇江城内的漕渠北端滨江处，原设有西津斗门以出纳漕船，前人鉴于斗门打开时，渠水有北泻之虞，便开挖了积水、归水二澳，为漕渠的储水库，二澳同时用闸门节制。而当时，这一水利设施已陷于瘫痪，所剩只有归水澳堤防。

为改善这一状况，史弥坚与转运副使吴镗一起，掀起了声势浩大的治水工程，改造了江口至南门的漕渠，重建了京口通航枢纽，还开挖了旧归水澳，将积土筑为堤垣，并修缮归水澳旧闸，使之接通漕渠。改建后的新水利枢纽归水澳，蓄水量达到原有的3倍。但水澳与长江相通后，又有人担心泥沙淤积，"归水初意只以灌渠，今达之于江，闸启则浅，无乃失其为辅者乎"（《嘉定镇江志》），于是史弥坚又在渠上建了上下两个闸，这样引潮

镇江京口澳闸遗址

入渠而不直接入澳，可以减少泥沙淤积，并开通甘露港，使它能从两处获得长江水源的接济。史弥坚还在甘露寺前的北固山上因势造秋月之潭，作为船只停泊、避风的港口。这样旧有的水闸也全部增筑、修葺一新。于是，"巨防屹立，海潮登应，则次第启闭"，"拍岸洪流，畅无流碍，杨栿维揖，舟入欢呼"。

2013年，镇江市的考古人员发掘了京口闸遗址，京口闸是古代江南运河第一闸，是重要的标志性水工设施。当年史弥坚主持修筑的京口澳闸，由京口闸等5座水闸组成，与积水澳和归水澳配合形成集通航、蓄水、引水、引潮、避风等为一体的系统工程，是宋代运河水运工程的璀璨明珠，是中国运河史上的一大杰作。

人格为人称道

在镇江，史弥坚主持修撰了《嘉定镇江志》。这是一部镇江古代地方志名著，原名《镇江志》，后人因该志修撰于南宋宁宗嘉定时期而添加"嘉定"二字。它的修撰者，《宋元方志丛刊》

本署名"史弥坚修,卢宪纂"。卢宪,字子章,台州天台县人,时任镇江府学教授。方逢辰在《咸淳镇江志序》中谈到:"郡有志,嘉定七年史贰卿畀校官重修,今余四十年。"史贰卿即为史弥坚。《嘉定镇江志》是镇江现存最早的基本完整的地方志,书中全面系统地记载了从先秦到南宋嘉定时期,镇江的州郡沿革、山川地理、人物风俗、农田水利、城池乡邑、文化教育、官吏驻军、赋税钱粮、楼台寺观、古迹名胜、驿传公廨、异闻杂说等。从时间看,重点是东晋到南宋嘉定时期;从内容看,重点是人物事迹。可以说,它是南宋人写的"镇江通史",具有重要的文献价值,是研究宋代镇江地区人文、地理、风俗等情况的重要材料。

从史弥坚在镇江任上留下的众多惠泽后世的实事工程看,他是一位醉心于地方治理的官员,在镇江的历史上,他称得上厥功至伟,为镇江的社会民生及文化事业作出了卓著的贡献,因而曾有人提议,镇江应该修一座纪念碑,以纪念史弥坚的功绩。

史弥坚的人格一直为人所称道。绍熙元年(1190),镇江金坛有一进士刘宰,字平国,号漫塘病叟,曾任江宁尉、真州司法参军、泰兴知县、浙东仓使干官等职,因不满韩侂胄用兵,遂引退,屏居云茅山漫塘30年。朝廷一再征召,希望他出来做官,均坚辞不就。此人无书不读,学识渊博,文章淳古质直,有《漫塘文集》36卷传世,为人很是清高,不愿与官员交往,但对史弥坚却是个例外,曾响应史弥坚之邀,于嘉定八年(1215)夏,撰成《京口耆旧传》9卷。此书遍采京口名贤事迹,各为之传。始于宋初,迄于嘉定七年（1214），共计68人，附见多人，体例全仿正史，每为一传，首尾该贯，轶闻逸事，较史为详，事实多可依据，有裨于史学。《京口耆旧传》也是《嘉定镇江志》人物门类中宋代人物的重要资料来源。

不仅刘宰对史弥坚刮目相看，南宋词人刘子寰（嘉定十年进士）也曾作《齐天乐（寿史沧洲）》词，记述史弥坚在镇江的政绩，以"辅中兴，擎天作柱"颂之。词曰：

>雅歌堂下新堤路。柳外行人相语。碧藕开花，金桃结子，三见使君初度。楼台北渚。似画出西湖，水云深处。彩鹢双飞，水亭开宴近重午。
>
>溪蒲堪荐绿醑，幔亭何惜，为曾孙留住。碧水吟哦，沧洲梦想，未放舟横野渡。维申及甫。正夹辅中兴，擎天作柱。愿祝嵩高，岁添长命缕。

辞官归老东吴

本来，史弥坚也确是雄心勃勃准备干一番"辅中兴，擎天作柱"事业的，但看到胞兄史弥远久居相位，大权独揽，出于对史氏一门前途命运的担忧，便多次写信劝谏兄长，希望兄长能够辞相，史弥远当然不会听他。朝中道学之士站在道德制高点上，对史氏一门长期掌控朝政的不满舆情，让史弥坚备感压力，既然兄长不愿辞相，史弥坚就决定自己辞官。吴泳在《史弥坚赐谥忠宣制》

中论史弥坚:"在熙宁则不觉于熙宁,如安国之于安石。在元祐则不趋于元祐,如大临之于大防。"王安石、吕大防在宋代都曾官居宰辅之位,但他们的兄弟王安国、吕大临均正心正行,不但不依附位高权重的兄长,还常常对兄长的作为提出不同意见和建议。史弥坚也同样,他不因哥哥是丞相而去攀附他,而是主动远离朝堂,以勤勉赢得政声,凭清正取信于民。为了家族利益及在一定程度上平息朝堂纷争,他甚至主动放弃自己的政治前途。

史弥坚对家族未来的担心,在后人看来是多余的,但在当时是有深刻原因的。南宋是一个权臣辈出的时代,在史弥远之前有秦桧和韩侂胄,之后有贾似道,他们尽管掌权长久,但都结局不好:秦桧死后,秦氏迅速衰落;韩侂胄和贾似道最后都不得善终。史弥远是他们当中唯一一个死后没有被朝廷否定的权臣,在史弥远死后,史家仍然得到朝廷呵护,主要是因为史弥远在丞相任上所用之人,都具备相当的政治才干,他死后,这些人仍能长期掌权,从而在政治上确保了史家地位不动摇。

史弥坚辞官回籍后,将家从城区月湖搬到了东吴南村,建了座普通的宅院,宋宁宗闻讯后,御书"沧州"二字赐他,史弥坚把自己的宅第命名为"沧州堂",在此度过了16年的隐居闲适生活。宋理宗绍定五年(1232),自觉时日无多的史弥坚自作墓志铭,并请老师郑清之为他书写,这一年史弥坚67岁,几个月后去世,宋理宗追赠他为资政殿大学士,谥"忠宣"。

史弥坚一生,除了从政,文学上也颇有造诣,著有《沧洲诗稿》，流传下来的诗不多，比较常见的是一首《宴黄状元大任》，诗曰：

> 月色花光正可人，笙歌会处喜津津。
> 跨鳌海上文章客，揽辔天隅礼乐臣。
> 丹碧屏间三月暮，玻璃杯裹一团春。
> 暂听紫燕黄鹂语，更捧红云侍玉宸。

史弥坚夫人赵氏，赠鲁国夫人，夫妻合葬于东吴南村宝华山之南。三个儿子，都担任过中高级官职，其中成就最大的是史宾之，官至户部侍郎，但他的人生道路与父亲非常相似，因嘉熙元年（1237）堂兄史嵩之为相，史宾之不愿落下附从的口实，主动辞官，归老东吴南村。父子二人殊途同归，令人感慨。

史嵩之的"军"情

2023年春节期间，一部叫《满江红》的电影在全国热映，影片荡气回肠的家国情怀让观众热血澎湃，赢得超高口碑。

《满江红·写怀》是千古传诵的爱国名篇，代表了岳飞"精忠报国"的英雄之志，表现出一种英雄气概、浩然正气。

北宋靖康年间，即公元1126年到1127年间，北方的金国南下攻破汴京，宋徽宗和宋钦宗被掳走，北宋就此灭亡。

从此,"靖康之耻"成为宋朝军民心头一道难以愈合的伤口。南宋虽然在江南得以偏安一隅,但以岳飞、辛弃疾、陆游等为代表的有识之士时刻不忘靖康之变,梦寐以求光复旧山河,一雪旧耻。他们壮怀激烈却又壮志难酬。直到百年以后,他们的这个梦想,终于在一个叫史嵩之的鄞人手里得以实现。

主政襄阳初露军事指挥才能

史嵩之(1189—1257),字子由,淳熙十六年(1189)出生在今东吴镇南村,父为资政殿大学士史弥忠。从小,他的志趣就与众不同,喜"经世济民"之学,立建功立业之志。

嘉定十三年(1220),31岁的史嵩之考中进士。当时正是他叔叔史弥远当政的全盛时期,他被安排到战

史嵩之像(史云彪提供)

略重镇襄阳,任光化军司户参军,管理那一带的户口和粮食。虽然这不是武职,但他非常关心军事,通过细致的观察,很快洞悉了边境的布防情况。

毕沅在《续资治通鉴》中记载了这样一件事,时任襄阳主帅的陈垓屡次向朝廷要求增加军费,史弥远不知该如何处置。就在这时,史嵩之送来一封密信,告诉他襄阳哪些地方可以撤防,哪些地方应该加强防务。史弥远采纳史嵩之的意见,裁减了六成军

费。陈垓十分惊讶，他哪里知道是史嵩之在暗中传递消息。

绍定元年（1228），因宋金战争基本结束，李全之乱平息，恢复生产、发展经济成了当务之急。朝廷号召京湖江淮等地屯田。时年39岁的史嵩之负责襄阳屯田，积谷68万石，成为全国的一面旗帜，朝廷及时给他加官为权知枣阳军兼制置司参议官。第二年，他在枣阳发动军民兴修水利，开创了置堰屯田的先河，粮食再获大丰收，朝廷又给他晋爵，封鄞县男，从五品。绍定五年（1232），史嵩之升任京湖（今湖北与河南西南部分地区）制置使，兼知襄阳府，成了名副其实的襄阳军政一把手。

指挥蔡州灭金之战尽刷靖康之耻

嘉定十六年（1223），当34岁的史嵩之初到襄阳时，北方大金国的权杖落到了一个叫完颜守绪（1198—1234）的年轻人手里，他就是金哀宗。

金哀宗的命运与明朝的崇祯皇帝非常相似，他志向远大、勤政敬业，一心想做个中兴之主，但历史没有给他这个机会。金哀宗继位时，金国已是内忧外患、风雨飘摇，他首先启用抗蒙有功将帅，并单方面宣布停止侵宋战争，"遣枢密判官移剌蒲阿率兵至光州，榜谕宋界军民更不南伐"。宋廷虽对金方伸过来的橄榄枝置之不理，却也在事实上不再北伐。

不过，金哀宗的所有努力，最终没能支撑住金朝即将倾覆的大厦。在他为帝的10年里，汴京开封、中京洛阳等先后落入蒙古人手中。

绍定六年（1233）四月，金将武仙、武天锡等准备从京湖地区打开一条入川的通道，将金哀宗迎往四川，以图东山再起。史嵩之与部下孟珙联手，先后在光化、吕堰等地打败进犯的金军，并乘胜进攻武仙的据点顺阳，再次大败金军，武仙率残部逃往马蹬山。七月，史嵩之、孟珙攻占马蹬山，俘获金兵7万及军械物资无数，彻底粉碎了金军去往四川的图谋。

金哀宗入川失败后，又连连对蒙作战失利，于六月退守蔡州（今河南汝南县），在蔡州城内选美女、造宫殿，但只享受了3个月。至九月，蒙古兵已兵临城下。

蒙军一边围城，一边遣使到京湖，与史嵩之商议协同攻金及互不侵犯条例。史嵩之奏报朝廷，朝廷觉得机不可失。

当时的情形是，金国灭亡已是板上钉钉，与金讲和无利可言，还可能引火烧身，使蒙古迁怒于自己。而助蒙攻金，既可洗雪100多年来的耻辱，使朝野上下的精神为之一振，又可在对蒙古的关系上取得主动。

于是，宋理宗应从了蒙古的请求，诏由史嵩之负责此事。端平元年（1234）一月，史嵩之率大军沿汉江支流北上，攻克距蔡州不到100公里的唐州（今河南唐河县），同时，遣大将孟珙与江海等率精兵2万，携粮30万石赴战，协同蒙军将蔡州城围成了铁桶。

宋蒙联军同时掘开蔡州城外汝河的河堤，蔡州的外城被冲毁。

今河南省汝南县（古蔡州城）一隅（祝永良摄）

此时，蔡州城内粒粮尽无，金哀宗见大势已去，吊死在幽兰轩行宫里，统治大半个中国达120年的大金帝国就此终结。

史嵩之向朝廷告捷，并献上俘虏张天纲、完颜好海和金主的骸骨，宣告宋廷尽刷靖康之耻。此役使宋理宗看到了史嵩之不凡的军事才能，史嵩之因此被任命为兵部尚书（从二品）。

上书六条力阻朝廷出兵"三京"

金亡之后，蒙军北撤。原先被金国占领的中原地区成了一个巨大的军事真空地带。朝廷决定趁此良机挥师北上，收复"三京"，即应天（今河南商丘）、开封和洛阳。

史嵩之刚从前线回来，深知前线情况：河南地区连年兵连祸结，赤地千里，蒙军北撤，留下的几乎全是没有人烟的空城，军队开拔，粮运困难，又不能在当地筹集；荆襄（今湖北）地区刚逢水患虫灾，老百姓饥馑流亡，如在这种情况下还要征兵征粮，势必造成百姓逃亡，游民聚而为盗。再是，以蒙古人的野心，他们想灭南宋是迟早的事，宋军孤军北上风险很大。所以他上书六条，力谏宋理宗不可轻易出兵。但朝廷没有采纳他的意见。

时任丞相的郑清之，把收复三京的事看得太容易，把蒙古方面的实力估计得太低。他命令庐州（今安徽合肥）知州全子才带1万兵收复汴梁。当时汴梁的蒙军守将是金国的旧臣崔立，崔立被金国其他几个旧臣李伯渊、李琦等杀死。李伯渊打开城门，把全子才迎了进去。

另一员大将赵葵带了5万兵从滁州开到泗州，收复了泗州，然后就来到汴梁，与全子才会师。赵葵督促全子才向洛阳与潼关进军。全子才派徐敏子带了200名兵士做先锋，又派杨谊率1.3万名强弩手作为后继。

徐敏子到了洛阳，洛阳并无蒙古军队，只有300户老百姓。这300户老百姓向徐敏子"投降"。事情果如史嵩之所料，徐敏子进城只一天便断了粮。

杨谊率1.3万名强弩手走到洛阳之东三十里的龙门附近，与蒙古兵遭遇，一战即败，杨谊孤身弃部逃跑。徐敏子也只好放弃洛阳，向东撤退。

于是，一马平川的中原大地上，一支筋疲力尽、饥肠辘辘的步兵在撤退，而无数剽悍的蒙古骑兵在后面追杀。蒙军追奔数百里,杀伤宋军十之八九。不久,赵葵、全子才也借口史嵩之不运粮食接济他们,一起从开封、应天撤军。

"三京之役"的失败,激化了宋蒙矛盾,为蒙古大举进攻南宋提供了借口,长达近半个世纪的宋蒙战争从此开始。

都督淮西成为抗蒙最高统帅

端平二年(1235),蒙古可汗窝阔台命阔端、阔出、口温不花等大将,分三路攻宋,取唐州,拔枣阳,侵襄阳、邓州,入郢州。

端平三年(1236)春,蒙军攻洪山、江陵。京湖制置使赵范没能妥善处置襄阳南北两军之间的矛盾,致使襄阳北军主将王旻降蒙,城中"官兵四万七千多、财粟三十万、军器二十四库"全部落入蒙军之手。接着,蒙军陷光州、破固始、降随州、攻蕲州、围庐州,略地至黄州。宋军全线溃败。

危急时刻,因得罪郑清之而已在地方上任职的史嵩之被宋理宗任命为淮西(今安徽省江北部分)制置使,赴前线督战。

史嵩之上任后的第一件事,就是严厉惩处那些贪生怕死的官吏,同时奏请朝廷,对在战争中立功的将士予以重奖并破格提拔。

这时,蒙古军已进逼江陵,史嵩之派新升任四川宣抚使的孟珙前往增援。孟珙到江陵后,命令部队不断变换旌旗的服色,循环往来,夜里则沿江点燃火炬,以此显示宋军声势浩大,连破蒙古军24阵,夺还被掳的2万军民。

第二年,蒙军攻打黄州、蕲州、安庆,当地的守臣弃城逃走。

史嵩之命孟珙从江陵前往增援。孟珙五战五捷，相继收复信阳、樊城、光化和襄阳。作为前线总指挥的史嵩之，先后被宋理宗擢为奉化郡侯（从三品）、参知政事（正三品），开督府于鄂州，都督京湖南北、江西、淮西、光、蕲、黄、夔、施等州军马。

不久，蒙军又动用80万大军围攻庐州，准备在巢湖造船，进攻江南。史嵩之命安抚使兼知庐州杜杲派舟师及精锐部队扼守淮水要害。淮东、淮西民兵也参加了保卫庐州的战斗。蒙古军改攻滁州。曾为赵葵幕僚的知招信军余玠亲率精兵救滁。蒙古军又转攻招信，被余玠回军打败。知镇江府吴潜也组织民兵，夜渡长江，攻击蒙军营寨。侵掠江淮的蒙古军不断遭受南宋军民的反击，只好北还。自此，淮河以南失地全部收复，宋蒙议和。

嘉熙三年（1239）正月，宋理宗诏史嵩之为右丞相兼枢密使，继续留在前线指挥，这意味着皇帝将整个宋朝军队的指挥权交到了史嵩之手里。

丞相任上部署修筑合川钓鱼城

嘉熙四年（1240）三月，史嵩之被理宗召回临安，成为继史浩、史弥远后的新一任鄞人丞相。

史嵩之任丞相后，广揽人才为朝廷所用，先后推荐名士32人，其中董槐、吴潜后来都成为贤相。"史嵩之先夺陛下之心，其次夺士大夫之心，其甚也夺豪杰之心，今日士大夫，嵩之皆变化其心而收摄之矣。"从他的政敌礼部进士徐霖的这句话中，也可见史嵩之善于团结各方力量。宋朝在他的领导之下,政治变得更加稳固。

在史嵩之掌权的6年中,南宋守住了淮河以南,军事部署准确有效。南宋后期的主要城防工程体系,都是史嵩之执政时修建的。

边防建设更是取得重大成果,史嵩之派孟珙、余玠等对襄樊的建设和在四川实施的山城防御计划等,对南宋后期的抗蒙发挥了重要作用。

特别是钓鱼城的修筑,作为史嵩之为相期间一项重大战略部署,若干年后对整个世界的格局都产生了巨大影响,这是朝野上下都始料不及的。

淳祐二年(1242),蒙军攻克成都,四川告急。巴蜀一失,长江防线就会形同虚设。

重庆合川钓鱼城(祝永良摄)

钓鱼城上俯视嘉陵江（祝永良摄）

当时的情形是，欲保南宋，必保四川；欲保四川，必保重庆；欲保重庆，必保合州（今重庆合川区）。

关键时刻，史嵩之奏请余玠以兵部侍郎衔出任四川安抚制置使、四川总领兼夔州路转运使，主持军政，置司重庆。

余玠以恢复全蜀为己任，上任伊始就设"招贤馆"广揽人才。不久，他采纳播州（今贵州桐梓县）冉氏兄弟（冉琎、冉璞）建议，根据四川特殊的地形条件，筑城钓鱼山，迁合州于钓鱼城内。

钓鱼城筑于今嘉陵江南岸的钓鱼山上，嘉陵江、涪江、渠江三江汇流，城分内、外，外城筑在悬崖峭壁之上，城墙系条石垒成，俨然兵家雄关。城内有大片田地和丰富的水源，周围山麓也有许多可耕田地，这使钓鱼城成为四川整个防御体系的一个节点和最为坚固的堡垒。

此后的历史充分证明了钓鱼城"一柱支半壁"的重大作用。从1243年至1279年，合州5县17万军民以钓鱼城为据点，历经宝祐、开庆、景定、咸淳等时期的大小200余场鏖战，坚持抵抗强敌36年，成为所向无敌的蒙古铁骑的噩梦，连被欧洲人惊呼为"上帝之鞭"的蒙古大汗蒙哥也殒命城下，缔造了中外战争史上的奇迹。

父丧"夺情"引发"倒史风波"

史嵩之性格强悍，处事果敢，不能容忍别人批评，一旦发现有人对他的决策构成威胁，就会果断将对方排除。他任右丞相的当年，左丞相李宗勉去世，而时任平章军国重事的乔行简和参知政事余天锡与他是一派的，权力的集中让他从一开始就受到朝臣责难。戎马倥偬，国事纷繁，他也无暇顾及当时士大夫推崇的理学，明里暗里得罪了很多人。

在复杂的权力斗争中，作为史弥远的侄儿，他被史弥远的反对派视为眼中钉，临安的太学生们也对他的行事作风疑惧重重。《宋史》载："弥远之罪既著，故当时不乐嵩之之继也，因丧起复，群起攻之，然固将才也。"可见当时有许多朝臣是因为不满史弥远而否定史嵩之。

而作为同属于史弥远的政治派别，他又同理宗的老师郑清之政见不合，两人芥蒂很深。

淳祐四年（1244）九月，史嵩之父亲史弥忠病故，按照传统，史嵩之应该回家"丁忧"三年,但宋理宗觉得蒙古人虎视眈眈,国事艰难,便援引战时特例,准备"夺情"。史嵩之六次辞相,宋理宗均不予批准,而是诏令其起复,即让他继续留任。

一开始,官员们都不敢对此有任何意见,但太学生黄恺伯、金九万、孙翼凤、何子举等144人联名上书,请求宋理宗不要违背传统礼法,收回史嵩之起复的成命。这场起自太学的"倒史风波",很快便在京城蔓延开来。参与的除了太学生,还有67名武学生、94名京学生和34名宗学生。朝中政敌充分利用这一机会,不断上书皇帝,以儒家伦理抨击史嵩之,其规模之大、声音之激烈是宋朝历史上前所未有的。最后宋理宗顶不住了,只好宣布准许史嵩之回家"丁忧"。

罢相回东吴"闲废13年"

史嵩之回东吴老家守丧后,朝政逐渐被他的政敌控制,他再也没能涉足政坛。他推荐的董槐、吴潜等虽曾跻身相位,但都因遭排挤而昙花一现;他所器重的大将孟珙于两年后遭君臣无端猜忌病故于江陵,余玠也在几年后遭权臣陷害服毒自尽。在宋蒙大战如火如荼之际,主持军务的最高统帅史嵩之被罢免,一些声名显赫的战将相继离世,成为南宋走向崖山的一大转折点。

东吴也称太白,史浩母亲曾居住在此,史浩任丞相后,回来探望双目失明的母亲,特为她建了东吴大庙。据传史浩还亲自在庙内栽种了一棵银杏作为留念,这就是如今的"宰相银杏"。后

东吴镇南村府前桥（祝永良摄）

史嵩之的祖父史渐、父亲史弥忠相继居东吴。史嵩之在今东吴南村建造府第，并在附近建云树壁、钓鱼台、三溪桥（今府前桥），"闲废13年"。其间，宋理宗曾三次想恢复他的职务，一次是淳祐六年（1246）服丧期满，一次是淳祐十年（1250），郑清之将不久于人世，再一次是宝祐四年（1256），史嵩之表示愿赴四川御敌，但每次都因遭大臣激烈反对而不了了之。

宝祐五年（1257）八月，一代能相史嵩之郁郁而终，归葬距东吴30多公里的慈溪县车厩（今余姚市河姆渡镇）山中。朝廷赠少师，进封鲁国公，谥忠简，因为家讳改谥庄肃。

史嵩之一生，有雄心，有韬略，是个一心想有所作为、为国效力的能臣。就其才干和经历来说，在强敌临境的时刻，他是宰执的不二人选。可惜由于舆情汹涌而赋闲余生，赍志以殁。史嵩之是不幸的，造成他不幸的主要原因是他的性格，假设他能听从父命,"事功、心学"兼得,能包容人,与人和谐共政,则必是其一生的大幸,也是南宋的大幸。美国汉学家戴仁柱在《丞相世家——南宋四明史氏家族研究》一书中写道:"在宋代,能够控制整个官场,同时又亲自指挥政府军队的政治家为数极少,而上述这些责任,却让他(史嵩之)成为其中之一……无怪乎《宋史》认为他'固将才也'。尤其难得的是,作为前线指挥作战的将领,他并非一意追求沙场杀敌的快感,以及由此带来的功勋,而是尖锐地看到当时宋蒙实力对比的实际情况,主张和议……然而,他的主和并非对敌国不断让步,而是以战求和,所以我们可以看到,在他当参政知事及丞相之后,不断从蒙古人手里夺回失地……他先命令一手提拔的孟珙经营襄阳,后来又命余玠——尽管不是他的亲信——经营四川。这两处地方日后都成为抗击蒙古人入侵的主要战场,就此层面上来说,史嵩之是为后来宋朝抗击蒙军三十年打下了坚实的军事基础。"这既是在世界历史发展的视野下对宋蒙关系考察后的结论,也是对这位孤独英雄最中肯而准确的历史评价。

史渐一门的"廉"情

史渐(1124—1194),南宋丞相史浩的堂弟,字进翁,号东皋,"八行公"史诏之孙,孝子史师木幼子。后因孙显贵,被封为太师、齐国公。他有8个儿子,其中,弥忠、弥忩、弥巩、弥忞、弥应

5人进士及第,俗称"五子登科"。

史渐最初居小白,后来迁居今东吴南村及东村一带,生前无功名。据文献记载,史渐曾有入太学的经历,到了40岁仍未能考取进士,便谢绝堂兄史浩入朝为官的邀请,决定隐退回家。他开办东皋书院,传道授业,悉心培养自己的子女,因此到了他孙辈那代,又有6人考中进士。其中,史嵩之官居丞相,史岩之官至吏部尚书。

长子史弥忠(1161—1244),字良叔,自号自斋,既是丞相史弥远的堂弟,又是丞相史嵩之之父,封太师、齐国公,著有《自斋文集》50卷。他有5个儿子,嵩之、岇之、岩之、嶷之、峣之,名字中都带"山"字旁,是希望他们长大后像山一样高大。

史弥忠早年受业于父亲门下,后来师从"淳熙四先生"之一的杨简。杨简师从陆九渊"心学"学说,历史上被人称为"慈湖

史渐一门居住的东吴门前河两侧

学派",史弥忠则是"慈湖学派"的主要学者和传人之一。杨简称其"质直有才,逊德无竞"。

淳熙十四年(1187),27岁的史弥忠考中进士,初任鄂州咸宁县尉。史料中记载了这样一件事,咸宁任期满后,史弥忠带着一大袋行囊回乡省亲,乡人无不羡慕他衣锦还乡。父亲史渐以为他得了不义之财,勃然大怒。史弥忠一时不知如何解释,于是当着乡亲的面打开行囊,让大家验证,结果都是一些他平时阅读的书籍,并没有其他值钱的东西,史渐这才转怒为喜。

后来,史弥忠先后担任福建南安、江西吉州(今吉安)等地的地方官。在吉州时,他为百姓减免田租18万。在任提举福建常平盐茶事时平定寇乱,论功时上级准备奖励他,他坚辞不受。为此,当时的名贤真德秀特地写信赞扬他。

史弥忠知吉州时,有一次去拜访杨万里,当他走进杨万里家中,见厅堂空空荡荡,没有一件像样的摆设,不禁感叹道:"盖知谋国而不知营家,知恤民而不知爱身,其天性然也。"对杨万里的清廉甚是感佩。后来,诗人王迈写了《贼平贺本路史禽良叔弥忠四首》,盛赞史弥忠为官清廉、淡泊名利。

史弥忠60多岁时,因堂兄史弥远久居相位,他几次写信,劝他急流勇退,但史弥远不听,为避嫌,他乞求致仕,告老还乡。淳祐四年(1244)九月,83岁的史弥忠在东吴去世。让他想不到的是,因他的去世,意外闹出了一场南宋历史上罕见的"倒史"风波,致其子史嵩之失去了丞相之位。

后世对史弥忠的评价颇高，浙东史学大家全祖望拜谒史弥忠墓时，曾写过一篇《过史文靖墓》："直翁家世半清修，文靖于中亦拔尤。曾与杨（简）、袁（燮）同学术，不因子弟减风流。夺情自戾先公志，误国谁承贾相羞……"表达对史弥忠的赞赏。全祖望认为史弥忠一点不亚于"史氏六贤"，即史氏家族中的史诏、史师木、史渐、史浚、史弥巩、史守之。

至今，五乡镇省岙还保存着史弥忠墓道石刻，有文臣武将、石羊石马，这些巍然耸立的石刻穿过700多年风雨，在一片荒坟丛中诉说着昔日的荣光。

据《鄞县进士录》记载，与史弥忠同榜进士的，除了后来官至丞相的堂兄史弥远，还有他的二弟史弥忿。史弥忿生卒不详，为史渐最小的儿子，字泰叔。古时，"忿"通"纾"，意为喜悦舒适。史料中关于史弥忿的记载不多，仅有历江州通判，除刑部郎官，直敷文阁，赠中奉大夫等寥寥数语。

史弥忞（1173—1259），史渐第六子，字勉叔。和其兄史弥忿一样，史料中对他的记载同样简单：初任昌化主簿，知吉州，知瑞安府，迁龙图阁学士，官至朝议大夫，所至皆有惠政，颇有口碑。

史弥应，史渐第八子，字定叔，号自乐道人，生卒不详。嘉定七年（1214）进士。据《鄞县进士录》记载，当时中进士的还有鄞县学子袁甫、丰翔、叶英等多人。该榜状元袁甫为袁燮的儿子，也是杨简的弟子。

史弥应中进士后，初授海宁县尉，罢归。又知上虞县，通判扬州。后来，复知连州、真州等地。从史料看，史弥应仕途不畅，于是，他干脆退而隐居。平时，凡是前来言时事者，则退而拒之，若是谈与时事无关的风月之事，则邀其入家门。他自称"自乐道人"，时常游山玩水，放飞心情。

　　当时，有位著名诗人宋镜和史弥应关系甚好，两人常一起分韵唱和，推敲诗句。史弥应去世后，宋镜还为他整理遗篇，并印成诗集《自乐山翁吟稿》，可惜今已不存，仅留有他儿子史一之、外甥陈垍所作的序，序中说史弥应不逐名利，与同道之人写诗吟唱，是一位高洁之士。

　　史弥应有两首山水咏物诗，收录在伯父史浩的诗集中，一首是《过东吴》："出郭乘清兴，扁舟一迅风。山光真黛比，水色与天同。宿鹭班班白，寒枫处处红。谁知吾胜概，名冠甬句东。"另外还有一首《小春见梅》："孤根十月已先漫，不待春风破玉痕。冷艳一枝何处见？竹边池阁水边村。"

　　史弥巩（1170—1250），字南叔，号独善，史渐第五子，过继给无子的堂弟史浤，娶老师杨简孙女为妻，著有《独善先生文集》。

　　史弥巩自幼好学强记，和长兄史弥忠一样，早年受业于其父。后来，与长兄史弥忠一起，就读于距家不远的甬东书院，师从"淳熙四先生"之一的杨简，深得老师和同学的喜欢。绍熙四年（1193），他入太学，47岁那年考取进士。

史弥巩到这个年纪才考取进士是有原因的,当时,他堂兄史弥远高居相位,史弥巩不得不避嫌去外地,不能前往京城参加科举考试,这样白白浪费了10年。直至嘉定十年(1217),才与侄子史岩之、外甥陈埙一起登吴潜榜进士。同登进士的还有后来官至丞相的同乡郑清之。

史弥巩中进士后,以迪功郎调湖北峡州教授,他持论平正,不阿谀奉迎,被聘为咨幕府事。当时。寿昌戍卒因违犯军纪哗变,朝廷想把全体叛乱者都杀了,史弥巩却以"仁于州里为恤"为由,请求只杀领头的一人。被他救下的人全都感激不已。

由于史弥远长居相位,史弥巩一直避嫌,不愿入京为官。绍定元年(1228),他改知溧水县,不仅规划构筑县治,还重视地方教育,改进当地的乡学,政绩斐然。

绍定四年(1231),61岁的史弥巩终于回到朝中,入馆阁为官,但这只是个闲职。端平初年,史弥远已经去世,史弥巩被召入监都进奏院。嘉熙元年(1237),史弥巩知衢州,时都城起火,他应诏上书,大胆指出皇帝应该修省的5条意见。

后来,他出任江东提狱,赴安徽休宁上任。其间,恰逢淮南大旱,饶、信、南康三郡严重歉收,他决定开仓赈济,并制定得力的赈济措施,被赈济受益的达百万人,大得民心。

史弥巩的仁慈也不是一味不分是非。有一次,徽州休宁有30多个淮民拿着武器抢劫,他们被抓捕后,没有以盗抢罪论处。史弥巩见此,说拿着武器做强盗,宽容他们就是助长盗贼气焰。

于是，他根据每个人的罪行轻重，重新发落，杀了几个首犯，从而确保了一方平安。

还有一事值得一提，当时饶州兵籍超数，军饷供应不足，需要淘汰一部分兵丁。消息一出，军心躁动，史弥巩镇定自若，他召见校尉们，说如果兵卒觉得不应该淘汰自己，可以过来自己陈说，但如果有谁敢扰乱军心，那就处以极刑。这样的做法合乎人情，立刻得到全体官兵的信服。一场可能酿成的兵变很快恢复了平静。

5年之后，侄子史嵩之官至丞相，史弥巩又一次避嫌降职，主动要求调婺州（今金华）任知县，后又任建康（今南京）提举。当时史弥巩已69岁，他向宋理宗提出"力不从心，解职归里"的请求。

史弥巩回乡后，一心著书弘扬老师杨简和理学大师朱熹的学术思想。由于他为人谦和，学识渊博，被乡人尊称"南叔公""独善先生"。他的府第也被称为"独善坊"。

历史没有忘记史弥巩，除了"史氏三相"，他还是这个家族唯一被列入《宋史》的人物。最难能可贵的是，在史渐5个儿子身上，都有着家族沿袭的为官之道：清廉有为，不搞裙带关系，全凭自己能力登上仕途。甚至，有的不惜埋没自己的才华，主动选择避让，这为史渐一门"五子登科"增添了额外的分量，他们无疑是宁波科举史上的一大传奇。

（本文选自《史氏藤下史渐一门"五子登科"》，作者：史宏）

附：史氏家族文化遗存

宰相银杏

据传，史浩做丞相后，曾回故乡探望双目失明的母亲，并特意为信佛的母亲建了东吴大庙。在庙内，史浩亲自栽下了这棵银杏树。

这棵树树龄800多年了，苍劲古拙，树干很粗，要四五个成年人才能合抱。树高15米左右，胸径2米，树冠直径近18米，无论树龄还是品种稀缺度，在宁波都是首屈一指，曾入选宁波"十大树王"之一。

史浩修建的东吴大庙后成为东吴镇中学小学办学地。学校新建后，成为东吴镇成人文化技术学校校区。至今，当地人还在传颂着史浩的一片孝心，因此把这棵古银杏称为"宰相银杏"。

府前桥

府前桥，也称三溪桥，位于东吴镇东村和南村的交界处，宋丞相史嵩之回乡闲居时始建，清光绪年间（1875—1908）重修。宋末元初文学家戴表元有《东湖第三溪》诗：

日晏霜浓十二月，林疏石瘦第三溪。
云沙有径萦寒烧，松屋无人鸣昼鸡。

几聚衣冠块作土,当年歌舞醉如泥。

早知涉世真成梦,不弃山田春雨犁。

明代进士柴涞也有诗《三溪桥吊史相》:

雨洗东山一振衣,过桥草树正霏霏。

茅庵小坐成清绝,竹径双开对翠微。

石壁尚存云栈迹,溪流故绕钓鱼矶。

可怜丞相家何在,水自涓涓鸟自飞。

该桥东西向横跨两村的门前河(也称三溪河)上,为一座三孔两墩石结构平梁桥。孔跨约11.98米,宽2.08米,桥面铺筑采用两侧长条石承夹中部横铺石板的做法,结构比较独特。两侧无桥栏,桥墩由条石砌筑而成,上端横梁顶端呈瓜棱状,顶面横梁和底座横梁有卯孔成锁石砌筑,上游迎水方向设分洪破水尖,下游有斜撑的细长条石支撑,结构牢固。桥梁中孔两侧镌额"府前桥"三个大字。

府前桥历史悠久,虽多次被冲刷,仍旧保持宋代建筑风格,对研究当地桥梁建筑风格演变具有较高的价值。

世忠寺遗址

世忠寺遗址,位于东吴镇南村现世忠寺山(旧称宝华山)西北侧。原寺始建于南宋时期,为甬上望族史氏后裔史弥坚的功德寺。

遗址平面略呈方形,背靠大山的东麓山脚,东西最长处约100米,南北最宽处约125米,由多级平台构成,各处平台均有大量瓦当堆积,最高处近1米。其西北侧尚遗存古井一口,井壁由乱石砌筑,井口呈圆形,外径1.15米,内径0.38米,井深2.2米。目前,遗址已被当地改为果树种植地,但对遗址的轮廓线改动较少。

世忠寺遗址从一定程度上反映了当时史氏家族的繁衍发展史,对研究古代的丧葬制度也有一定的研究价值。

兵部尚书史弥坚墓

兵部尚书史弥坚墓,位于东吴镇南村世忠寺山前,为宋代墓葬。主体坐西朝东,面朝太白山,原由神道、牌坊、石刻造像、墓穴等多个部分构成,现地面建筑已废。

兵部尚书史弥坚墓

该墓东西长约 81 米，南北宽约 17 米。墓穴位于神道末端，为一圈椅式圆形土包，人工建筑西侧拦土高约 4 米，墓前尚存石像生及享亭残件。目前，遗址表面已成为竹林。

该墓是世忠寺山以史弥坚为核心的宋代史氏家族墓葬群之一。

税务提领史文孙墓

税务提领史文孙墓，位于东吴镇南村世忠寺山北坡。主体坐南朝北，原由神道、石刻、牌坊、墓葬等多个部分组成。神道自北向南延伸，石刻位于神道起点两侧，现仅有一件残马。牌坊位于墓穴前，现剩两柱，面阔 2.96 米，柱高 3.9 米，其两侧原有护墙，现已毁，北侧为坡道。墓穴呈方形，上部为圆锥形覆土，三面挡土墙厚约 0.8 米，乱石砌筑。墓穴正面有一长约 0.5 米、高约 0.3 米的盗洞。

此墓格局完整，残马雕刻形象生动，工艺精湛，具有较高的历史文化价值。

世忠寺山墓前石刻

世忠寺山墓前石刻，位于东吴镇南村世忠寺山的西北侧，整个墓葬由神道、墓前石刻、牌坊、祭台及墓穴等构成。墓穴主体坐西朝东，神道由东向西拾级而上，石阶已毁。其一层平台南北两侧为文臣、武将石像，高 2.45 米，肩宽 0.76 米，造型比例适度，线条流畅、精美传神。武将戴盔穿甲，双手握剑，威武肃穆。文

世忠寺山墓前石刻之文臣、武将

臣戴冠穿袍,双手捧笏,沉静含蓄。石像后为牌坊,现剩两柱,面阔约4.6米,坊柱高4.8米,形制巨大,牌坊两侧另设享亭。墓穴位于牌坊后部,墓基呈方形,圆锥形封土,墓穴南北两侧及墓葬后部设有高约1.2米的挡土墙,挡土墙外侧各设享亭一座,这些享亭现已倒毁。

世忠寺山墓前石刻雕刻精美,形象生动逼真,且神道布局规整,整体格局保存较好,具有较高的历史文化价值,现为区级文物保护点。

史弥坚墓园神道牌坊

史弥坚墓园神道牌坊为南宋建筑,位于东吴镇南村世忠寺山,是以史弥坚为核心的史氏家族墓葬区,在其墓区前设立一条长达

1280米的总神道，神道设碑坊三道。

第一道为墓园入口牌坊，主体建筑坐西朝东，面阔5米，现剩两根方形石柱，柱高4.2米，顶部置栌斗，形制较大。据说，坊上原为木结构歇山顶，曾被火烧，俗称火烧牌坊。

第二道位于神道中部，与第一道呈角尺形，又与第三道分布在一条直线上，其主体仍坐西朝东，单开间，面阔5.4米，横枋已失，只存两根长方形立柱，高5.8米，柱边长0.5米，四面削角，顶部置栌斗，形体较大。北柱脚外侧有龟趺座前半身，其碑孔呈长方形，长1.09米，宽0.18米。坊前20米处有龟趺座后半身，刻划龟裂纹，雕刻精美。因坊旁有龟趺座（头毁），又名灵龟牌坊。

第三道牌坊主体仍坐西朝东，宽3.65米，柱高3.7米，由两根八边形石柱构成，边长为0.16米。坊上横梁两侧有门枕转脚孔，推测其原安装有门，且柱外侧建有围墙（现均毁），俗称牌坊门。牌坊紧扼墓园入口。

三道牌坊从火烧牌坊至灵龟牌坊约680米，灵龟牌坊至牌坊门为420米。牌坊门为功德表彰与仪仗的象征，也体现了古人阴阳相隔的墓园设计理念。入牌坊门，其直线位置上为兵部尚书史弥坚墓。从牌坊门至史弥坚墓前入口水池（其上可能曾有桥）约180米。

该墓园气势恢宏，格局清晰，对研究史氏家族发展繁衍、人文史、墓葬史等具有一定价值。

第三章
小白河头

宋韵东吴
SONGYUN DONGWU

鄞州有不少叫河头的地名，如小白河头、沙堰河头、宝幢河头、横溪河头、璎珞河头等。

河头，就是旧时的航船埠头，或叫航船码头。

旧时交通不便，从宁波到东吴，都是从江东大河头一带乘航船，到小白河头登岸。

小白河头在今东吴镇小白村。小白村由蔡家、邱家、詹家、河头、胡家、傅家、陈家、陆家、乐家、王家、徐家、林家、包家和小白新苑等10多个鸡犬相闻的自然村相连，所以，人们习惯上把这里叫作小白河头。

小白河头的历史，可追溯到千年以前的唐代。宋时的高僧大德、文人墨客，还有日本著名的荣西禅师、道元禅师等，从明州城内去往天童寺，就是从宁波城区坐船，沿后塘河而行，登上小白河头后再由陆路前往。

一条塘河沟通城乡

宁波是江南水乡，境内河道纵横，水网密布，在交通不发达的年代，航船是来往于城乡之间最主要的交通工具。旧时，城区的三江六塘河里有各式航船数百艘,通往四周乡、镇、村的支航道，更是星罗棋布、四通八达。这些航船，大多是从新河头那边的航船埠头行驶过来的。

从宁波新河头出发的航船，通往东乡的莫枝、横溪、下水、东吴、宝幢，南乡的姜山、茅山及西坞、白杜等地，有时要排起很长的队伍。实在来不及的话，主船后面要拖上五六只航船。主船嘭嘭作响的声音是航船的标配，其次是一个尖翘的船头和烟囱上冒出的缕缕黑烟，还有船舷旁两道像翅膀一样翻卷的水波和后面拖着的船。童谣云："机器船，嘭嘭响，拘（抓）来带鱼铓光亮……"

清代鄞县贡生徐兆昺写的《四明谈助》一书中这样记载："汉，后塘街，在县东同谷山口。因是时鄞县在谷中，海人集货贸易于谷口，以在海塘之后而名之也。今鄞县在甬江之滨，海人贸易，多在甬江两岸，于东岸一带亦称后塘街。"这里提到的"同谷"，也称"同吞"，位于今五乡镇宝幢的山谷间，因天童溪、画龙溪、东吴溪三溪汇流，宝幢一带在秦时就成为一个大聚落，被称为"鄮"，翻过育王岭就看到了茫茫东海，自古以来"海人集货贸易于谷口"，于是塘河之畔的宝幢集人成邑，直至近年还延续着繁华。

唐长庆元年，即公元821年，明州州治从今江北区的城山渡一带（一说小溪，即鄞江）迁至三江口。公元823年，明州刺史应彪（今东吴童一村应氏始祖）在东渡门外的奉化江口架设了"东津浮桥"，这是灵桥的前身。2年后，因三江口水流太急，于是将桥位南移约500米，就是现在的灵桥位置。灵桥的建立，沟通了州城与东乡大片农业经济区域的联系，增强了城乡资源的交流。一条自州城直达东吴小白河头的水陆交通线——后塘河逐渐形成，并向东吴三溪浦延伸，它的左前方通天童，右前方翻越玉

宁波灵桥（余德富摄于1983年）

泉岭至大嵩接象山港，使滨海的海鲜、山货等可一路畅通地运送到城里。这条东通小白河头，北通宝幢河头的内河，更为去天童、阿育王寺进香礼佛者打开了方便之门。同时，在生姜漕、史家湾河形成了发达的五港河，经大田山东北麓可抵大涵山桥。从那时起，这里的水陆交通根系已相当发达。

到了两宋，随着农产品的商品化和手工业的进一步发展，城乡之间的商品交换日趋繁荣，作为商品交换的中心，市、镇迅速崛起。

市，又称草市，原指乡村和城郊地区自为聚落、私相贸易的一种较为固定的集市，其交换活动集中于约定俗成的定期集日，是小生产者之间调济余缺的交易场所。到宋代，由于一些集市所在地人口聚集，人们开始开肆设店，于是逐渐发展为日日开市的商业性居民点。

据宝庆《四明志》分县志《叙赋》载,宋代鄞县有小溪镇、横溪市、林村市、甬东市、下庄市、东吴市、小白市、韩林市、下水市,共1镇8市。作为乡村市场,它们既是周边农产品向外运销的起点,又是外地贩入的乡村居民日用消费品的销售终点。这些市镇都分布在水陆交通线上。

当年后塘河,由东吴出发,经元丰桥、复原桥、大涵山桥、大圣桥、郑家桥、皈敬桥、汇纤桥、鄾山桥、新桥、盛垫桥、福明桥、镇东桥、张斌桥,一路而来,到达城区大河头。据民国《鄞县通志》记载,1936年的后塘河上大约有75个航班,其中夜航船7艘,主要往来于宁波与宝幢之间。想当年,航船上乘坐着进城逛市的乡民、贩菜购物的乡农、卖鱼行贩的渔民,当然还有云游的僧人、进香的信众,内河的繁忙景象可见一斑。

离后塘河不远,千年古刹阿育王寺、天童禅寺是"海上佛教之路"的重要地标。宋时,日本著名的荣西禅师、道元禅师在这里修学,他们回到日本后弘法精进,创立了临济宗和曹洞宗,被尊为一代宗师。他们当年从明州城内去往阿育王寺、天童禅寺,就是从后塘河乘坐航船而行,上岸后再由陆路前往。

沧桑巨变,到了上世纪80年代中期,随着城市的发展和改造,新河头航船埠头至张斌桥一带的河道被填埋了。那时,公路运输已经快速发展,航船的客源却江河日下,河面上再也看不到航船来去繁荣的场面了。宁波大市范围内最后一个航班,一直到2001年2月底才彻底结束其历史使命。但历史上航船作为联系城乡之间的纽带,不仅在宁波的客运史上留下了辉煌的一页,也给人们留下了许多美好而温馨的回忆。

老航船的乡愁

　　旧时,乡下人上一次宁波,要下一番很大的决心。据徐雪英主编的《甬上船事》一书记载,到宁波的航船一般每日一班,日出而开,日落而归。早晨,天刚蒙蒙亮,听到船老大吹的海螺"嘟——嘟——"声就得出门,赶去航船埠头下船。海螺吹三遍,随着老大一声"开船喽——",便解缆开船,航船随着富有节奏的摇橹声,驶出曲曲弯弯的小河港。

　　船出大河港,就要加快速度。这时候纤夫就要上岸去背纤。背纤的很卖力,纤绳绷得紧紧的,船老大只要把稳船橹,航船就会飞快朝前驶去。沿岸会经过许多桥,就得"打桥门",这是背纤人大显身手的时候,他们在桥头站稳身子,收起几圈纤绳,右手把纤担往桥下一甩,然后用头往桥的另一端甩上来的纤担上一套,纤担稳稳当当地套在了纤夫的肩上。

　　航船上的客人大多是同一乡镇的,大家挤在一条船里,在缓慢、枯燥、难耐的旅途中,少不了用"闲谈"来消遣。他们所谈的内容包罗万象,充满生活气息。不少船老大是调节气氛的高手,他们见多识广,说出来的天南地北的新闻都是大家闻所未闻的。对船上的一些大嫂、大妈们,船老大会唱她们爱听的小调,有时还即兴发挥编说一些段子，惹得大家哈哈大笑。对船上的小孩，则会讲一些民间故事，如"牛郎织女""孙悟空龙宫借宝"等，让航船里的客人常听常新，不感觉寂寞。

这些来往于城乡之间的客船一律被称为宁波航船，从宋代至今已有千年历史。其中以东吴镇至宁波大河头这条后塘河上的航船最多。

当时在宁波城区，来自东乡的航船停靠在宁波大河头，如五乡碶、宝幢航船；南乡来的停在新河头，如姜茅山、陈埠头、横溪航船；西南乡来的停在濠河头，如段塘、石碶、栎社、黄古林、蜃蛟弄航船；西北乡的航船停靠在大卿桥，如凤岙航船。

航船分早航船、夜航船两种。早航船一般五六点钟从乡下起航，起航前，船老大要吹三遍螺号：第一遍催人起床，第二遍催人下船，第三遍起航。

按理说这样的安排无可挑剔，却也留下过一个笑话。某人要去宁波办事，听到第一遍螺号起了床，因家离埠头不远，心想听到第二遍螺号声去也不会迟到。不料顺风转为逆风，恰遇船老大心情不佳，吹第二遍螺时中气不足，某人注意力又集中在其他事情上，没听到。待第三遍螺号响起，那人以为是第二遍号声就急忙赶到埠头，而航船早已远去。于是就留下了一句宁波老话："航船埠头赶船出。"意即住在航船埠头的人竟然会错过航船的船班。

航船沿途过村子时，船老大也会吹螺号，以免船客错落。上午九十点钟到达宁波，午饭后一两点钟返回，傍晚到达，吹螺号报平安。船老大不会吹螺号的船被人戏称为"哑子航船"。遇到强逆风时，船老大还得雇人拉纤。

航船行驶时常有盲人搭船唱"新闻"，唱的是陈词滥调，兼营算命，哄年老妇人欢心，讨赏钱糊口。旧时，算命、唱"新闻"是盲人唯一的生存之道，船老大也会网开一面，不但不收航船费，还热情搀扶盲人上下船。

旧时航船靠船老大用橹摇，摇橹时发出"呜作嘎作"的声音，偶尔有顽皮的小孩会站在桥头上反复向船老大叫喊："呜作，嘎作，撑船老大屙撒出！"以此取乐。遇到不晓事的女子站在桥头上傻看，船老大就会挥动船篙，在窄窄的船沿上冲着女子怒叫："让开！让开！"唯恐乘客被那女子过头水，带来霉运。而男子无妨，依旧在桥头上指手画脚做他的桥头老三。这是宁波人的旧习俗，即使那女子被船老大骂得狗血淋头，也自觉理亏，不敢回嘴。有时船老大过桥洞时船沿不小心碰上桥墩，船老大会自嘲："船到桥门自会直，不是碰就是别。"

中午时分，乡下人大多会在宁波濠河头一带的饭店里用餐，饭店经济实惠价钱便宜，一角钱一碗年糕汤，几角钱就可以点菜喝酒。有些农民食量大，吃五六碗年糕汤不在话下，舍不得花钱就自带冷饭，向老板讨开水冲泡，老板也乐于助人。

旧时乡间很少有通邮的村子，航船除了运客，也为城乡熟人捎带信件钱物，甚至帮人采购，有时收些小费，有时连小费都不收。船老大出入城乡见多识广还乐于助人，很受乡人敬重。

早航船上午 10 点到，下午 1 点返回，若嫌其间时间不够用，可选乘夜航船。夜航船晚间起航，清晨到宁波，行驶中乘客大多缩在船舱中打瞌睡。跑东乡后塘河的夜航船主要来自宝幢，最多时有 7 班，宝幢到五乡碶刚好是一半路程，民谚有一说："瞌睏打崩魇，还在五乡碶。"

此外，还有"倒撑航船"，早上由宁波起航，午后从乡下返城。遇急事可雇用"快马"，"快马"船身较之航船瘦小，由两个老大同时摇橹，加快船速，通常用于病人送医。

到了上世纪 70 年代末，鄞县航运公司购进机动船，将同一条线路的航船都连接在一起，挂钩在一艘机动船上，由机动船拖动行驶。

沿途路过村庄时，若有客人要上岸，机动船也不会关机，只

后塘河上的柴油机拖轮与航船

是放慢船速。若是遇到老弱病残的客人，船老大会大显身手，将客人半扶半抱提上埠头，绝不会有丝毫差错。上世纪70年代，生产队组织社员进城看"样板戏"电影，常常用抽水机船拖木船、水泥船进城，以节省航船费用。

坐航船的经历

《宁波古城风貌》一书的作者王荣兴曾这样叙述坐航船的经历——

记得小时候到故乡天童，从江东大河头乘航船，船到小白河头，上岸步行翻越小白岭，走好几里路才到天童街。每次往返，总有一种特殊的民俗风情感觉。遇到顺风，老大起锚扬帆，宽广的古河道霎时白帆点点，船下河水发出潺潺的流水声。船到河面宽广的大涵山，清清的河水，鱼儿遨游可数。空中雄鹰盘旋，山上群鸟飞追，大有"百舸争流，鹰击长空，鱼翔浅底，万类霜天竞自由"之快感。遇到逆风，老大把船漾出河埠，摇橹半里，此时可见，纤夫在河边列队拉纤。忽然老大一声吆喝："赶上他！"但见，草履光身的纤夫霎时躬身伏地用尽平生之力，一脚占一脚，一步又一步地赶上前船。

船出张斌桥，坐在中舱的盲人敲起了三声皮鼓，三声铜锣，声音由低转高："说新闻，唱新闻，新闻要唱那一村……"随着开场白导词唱完，民间故事《锁蓝吊私情》之类的曲词，边唱边

第三章 小白河头

江东新河头

说,故事慢慢展开。曲折离奇的故事情节,高扬低回的粗犷唱腔,配以道白、板拍和咚咚锵锵的敲打乐声,在寂静的河面上,倒为无聊欲睡的船客,带来了愉悦的精神享受。大约船过了一到二个洞桥,盲人收起了歌喉;于是,"长长新闻难到根,唱到这里等一等",手捧铜锣,口喊:"行行好吧!已经有一顿饭没有吃了。"也许在坐的乘客"同是沦落人",在盲人的铜盘上丢钱的寥寥无几。盲人声声叹息,但还是重新敲起皮鼓,打起铜锣,把新闻继续唱下去。

记得有一次,一个盲人唱完刚上岸,紧接着有两个女盲人,她们手抱琵琶、三弦,也跳下船舱。那些年头,兵荒马乱,刚巧又碰到航行于沪甬线的"江亚"轮船于1948年12月3日在吴淞口外突然爆炸沉没，乘客 4000 余人（按规定只能乘 2500 人），除了 1000 余人逃生外，其余都不幸罹难。不知是文人编写还是盲人自行凑词，盲人一坐定就转轴拨弦，四弦一声，以哀婉而忧郁的音调唱起了这则震惊世界大海难的"江亚轮船沉没"新闻。正如白居易在《琵琶行》中所写"大弦嘈嘈如急雨，小弦切切如私语，嘈嘈切切错杂弹……"，随着一声声悲切的叫喊声，一句句亲切而哀婉的呼唤声，唱到悲切之处，盲人声泪俱下，直到哀哑无声，船舱一片寂静。在座的船客知道遇难的大多数是宁波人，个个痛欲折心，泪洒衣襟。

在交通闭塞的年代里，当官的出远门赶路，也是乘木船走荡漾的水路。

上世纪 30 年代，鄞奉长途汽车站开通至宝幢汽车，人们的出行就多了一种选择。1936 年出版的《新语》第 9 期，有这样一段上海人到宁波游览时乘坐交通工具的记载：

> 四月九日下午四时，赴十六铺金利源码头新江天轮船，对号入舱，时启碇，在轮晚膳后，七时就寝。
>
> 十日晨五时抵甬，步行至功德林进早点。六时渡河至鄞奉长途汽车站，乘定备车至育王寺及大悲阁。略事休息，即参观藏经阁及后山小景。十一时午膳后，乘轿至天童寺。天童离育王约二十五里，轿资二元四角，于下午三时抵达，对号入卧室休息。该寺建筑虽不及育王

之富丽，但伟大则过之，尚有若干殿宇，正在建筑中。六时晚膳后，即就宿寺中。

　　十一日晨六时早点后，步行或乘轿至小白河头，离天童约十五里，轿资一元二角。九时半到船埠，坐汽艇还宁波，改乘人力车至城内车桥弄同兴馆午膳饭，毕，乘定备车赴溪口镇……

热闹的小白河头

　　宁波有句俗话叫作"性直无家产，河直无风隐"。后塘河就是一条笔直的河流，旧时宁波城乡间的交流，主要就靠这条河，所以沿河的许多地方都出现了商船，人们通过这些商船来做生意，交换物资和探亲访友，这也尤使后塘河交通繁忙、商业繁荣，十分热闹。

　　整条后塘河的每个沿河都有自己的船只，这些船只都会在船篷上标上自己的名称，以容易区分不同的船只。船只都按照当时的线路依次在沿河站点停靠。码头上的人，通过过往船只的颜色和船篷上的字，来辨别自己要等的船。到小白河头的船，漆的是黑漆，因此这条线路上的两艘著名船只，分别叫"大黑同"和"小黑同"。到东吴的船，漆的是红漆（其他地方船，也是红漆）。到东吴也有两艘主要的大船，另外还有几艘相对较小的船只。这些船只一般只在春节、清明等节日时启航。

起初，从宁波到小白河头平时只有拉纤的航船，以后提升为机动的小火轮。乘客多时，航船每天由一条增至两条。多的时候，汽油船要拖带10条航船。汽油船隆隆的轰鸣声，船老大的吆喝声，乘客上下船的呼喊声，此起彼伏，十分热闹。

船到小白河头，一眼望去，只见沿岸站满了苦力脚班，躬背哈腰，一根扁担两根绳，兜揽生意。

历史上，为了接应一批又一批的游客，天童寺在小白村设立中院，在宁波百丈街的五眼桥设下院。中院和下院很像今天的接待站，住持忙忙碌碌，不断迎送各地的乡贤才俊，安排普通来客的食宿。在航船靠岸的埠头旁边建立专用码头和候船亭。游客中不乏有富商老板和年老体弱者，经过长时间跋涉，到了小白河头，已是步履艰难，只得租用竹制的元宝篮和藤制的高轿，一路上由轿夫和脚夫抬着送到目的地，所谓"灵峰转茅洋，银子一千两"。

旧时天童寺有许多土地，也就是可以栽种水稻的寺产，雇佣农民耕种、栽培、收割稻谷，供寺僧和香客食用。每年秋高气爽，晚稻黄熟，这些稻田远离天童寺，寺院有一大批稻谷要运到寺仓保存。每逢收割时节，寺方都要派员去租种天童寺稻田的村庄收稻谷。刚收来的稻谷往往不够干燥。那么这些半干半湿的稻谷，就从宁波下船装运到小白村的中院摊晒，等稻谷完成脱水，倒入中院临时谷仓保存，然后发动全寺僧人到中院来取。秋末冬初，每逢晴天，从天童寺启程的年老和尚，每人用麻袋背十来斤，年轻力壮的两人抬或一肩挑。摩肩接踵,排成长队。"一更二更挑,三更四更摇,五更不到三眼桥,买给老大自己要。"就是说天童寺设在宁波的下院,也是稻谷的中转之地。

过往的行人多了起来,小白村民不时顾盼,他们审时度势,想方设法把握商机。他们抱团拓市,开店铺,摆摊头,买地作货。当时有"大昌""俞东昇"等烟杂小百货,卖桂圆、红枣、荔枝等四时茶食、南北果品的南货店,卖豆腐、香干的水作店,以及客栈、小吃店,供应年糕和面食、大饼油条、金团、麻糍、黄软糕、米馒头等时令米食。

小白河头及天童中院(朱祥麟绘)

每年旺季，这里还有一种专门帮助挑行李的年轻人。他们有来自余姚、慈溪、镇海和温州的，也有本地人。从日出到日落，他们从小白到天童，一天往返两三趟，每趟20里，十分辛苦，真所谓"上磨肩胛，下磨脚底"，成群结队，大汗淋漓，艰难跋涉。尤其是负重担翻越山岭，迈着坚实的脚步，一步又一步攀登，右肩换左肩不歇，把沉甸甸的货担挑到天童寺。真像现在风景名胜点的旅游用品销售，过去小白村民也一样，见机行事。他们选择街口、店前、路边、亭中或树下，出售自制的竹拐杖、番薯片、年糕干等。有的在庵里用清泉烧茶水，一锅锅倒在石雕茶缸中，一年四季，炊烟缭绕，数十年如一日，免费施舍，倾情奉献积德行善的习惯，人们无不引以为赞。

上世纪70年代后期，随着宁波各地道路交通的改善以及自行车和汽车运输的普及，航船逐渐减少。此后文献资料显示，20世纪80年代中期开始，宁波大河头航船埠头被填，迁址下茅塘；新河头航船埠头被填，迁址四眼碶；濠河头航船埠头被填，迁址宁波南站；西郊航船埠头被填，迁址鄞西小学旁。到了20世纪90年代末，航船完全被陆上的汽车替代。当年繁忙的后塘河航船，也再难见到。

进入新时代，随着宝瞻公路小白隧道的开通，车辆穿梭不息。小白村的热心村民用石板和鹅卵石修复小白岭残损的古道，吸引一批又一批登山健身者光顾。登上岭巅，遥望蓝天白云下的东吴镇，闻闻漫山遍野扑鼻的花香，感悟这个全国文明镇的盛况，这

如今的小白村

一切，无不传递着大自然对人间最美好的祝愿和厚爱。

小白村通过整理式改造的新农村建设力度空前，到处呈现粉墙黛瓦和一宅一院一菜地的传统又现代的生活格局。心灵手巧的村民运用传统工艺，做麻糍、金团、黄软糕，用山前屋后栽种的桃子、杨梅、柿子、茶叶等招待远方的客人，令人流连忘返。

追忆小白航船

过去阿拉天童人去宁波，必须翻越小白岭，然后到小白河头乘航船。

小白河头到宁波，一天有几个航班，早上5点钟的早班，七八点钟的中班，还有下午四五点钟得在航船上过夜的晏班。

需一天来回的人们往往乘早班。为了赶乘早班，天童街人凌晨3点钟就得起床，上、下三塘的人凌晨2点钟就得起来赶路。勤勇那边的起得更早。

过去没有电，路上没有路灯，黑夜赶路得用灯笼。

所谓灯笼，普通农家都用小灯笼。灯，用竹篾编成圆柱形，周边用油纸糊上，两头都空，底部用两根短薄板交叉撑住，钉上尖钉，以作插蜡烛之用。上口撑有横档，系上短绳，再挑一根竹杆，供提灯之用。点上蜡烛两头通气，保证燃烛有足够氧气流通。天童人凌晨赶路大部分人得用灯笼这个照明工具。

上世纪50年代初期，从小白通往宁波的航船，还没有汽油船。全程靠掌舵人摇橹。航船头立有木柱，系上很长很长的纤绳。每船得有两三个人沿河道拉纤。拉纤的都扑着身子用力拉，以加快船速。沿路各桥都有上下旅客。长年累月，天天如此，桥墩上的石块、石柱被纤绳拉成一条一条的凹陷。有风时，船上水手往往撑起风帆。快要过桥，风帆拔倒，过桥后立刻再竖。在旅客看来确实麻烦、吃力，然而水手们却习以为常。

小白河出口处是一条水泥桥，人们叫它小白桥。船出小白桥便是大涵山港。大涵山港是东吴河与小白河出口交汇处，江面宽阔，水质清澈。东吴河出口处有一条石头平板桥，据说桥脚是宋朝时的遗迹。

经过邱隘的河道

过了大涵山,穿过大圣桥,就是郑家桥。来到李家洋就是归津桥。到了五乡地界又有汇溪桥,鄮山桥。五乡还有一座拱形大桥头,是宝幢到宁波的必经桥梁。船过莘桥,即是邱隘地段,一座与五乡大桥头类似的拱形盛垫桥巍然屹立。船至福明桥,又经镇东桥和闻名宁东的张斌桥,标志着船快到宁波终点大河路了。过去,有人为了标明后塘河上的多座桥梁,编成了几句顺口溜:"小白大圣郑家桥,归汇鄮山大莘桥,盛垫福明镇东桥,张斌五和三眼桥。"约上世纪40年代,去濠河头的河道填埋,五和、三眼两桥不再经过。如今,后塘河上的这些桥梁仍留在七八十岁老人们的记忆中。

1956年之后，后塘河上增添了汽油船。船到大涵山，挂在从东吴出来的汽船后面。至五乡，又在后面拖上从宝幢出来的客船，沿途还有陆续挂钩，形成一支长长的水上船队，蔚为壮观。随着天宝公路建成以及公路网形成，水上旅客逐渐淡出，内河运输退出了航运舞台。

（本文作者：王瑞海）

嫁妆船的习俗

旧时，新娘出嫁得坐花轿，也就有了拦轿门习俗。拦轿门就是夫家的亲戚朋友不准新娘下花轿走进夫家的门，新娘要进夫家的门，得付出一些代价，或花些小费，或分些糖果，让拦轿门的亲戚朋友满意才让出道来。拦轿门纯属是为了增加喜庆热闹的气氛，所以亲戚朋友的要求也不会太苛刻。

路途远的还得乘船，船篷上贴两个大红双喜字，中间系一朵大红花，让人一目了然。载新娘的船途径每一个村子，不管认识不认识，只要有人喜欢凑热闹，都可以在自家村边的小桥上，用竹竿拦住不让载新娘的船从桥门中通过，有人甚至用船拦住桥门。届时，媒婆就会出来调停，大多不会让拦桥门的人下不了台，说些好话意思意思就通过了。

新中国成立初期，新娘出嫁不坐花轿改乘船，拦桥门的习俗越发风行起来。有的村子习俗，连新娘的嫁妆船也要拦桥门。新娘的嫁妆船，一般只能载一个新娘的嫁妆。如果一个村子的两个新娘，凑巧婚期相近，又嫁给同一个村的两个新郎，根据习俗，千万不能为了省钱、贪图方便，把两个新娘的嫁妆，放在同一条船上，载到同一个村子的夫家去。旧时习俗认为如果这么做，会让两个新娘和两个新郎在以后的日子里，产生千丝万缕的感情纠葛，说不清，理还乱。

（据《甬上船事》）

第四章
天童道上

宋韵东吴
SONGYUN DONGWU

登上小白河头，也就意味着进入天童道上。

北宋庆历八年（1048）的春天，27岁的年轻官员王安石沿着这条道造访了天童寺。他是天童寺所在的鄞县的知县，这是他第一次主政一方。当时他的心情非常愉快，走完这段松道后，脱口吟成那首宁波人家喻户晓的《天童道上》。

那时，从小白岭脚下开始，沿路两边茂松夹道。前往天童寺朝拜的人们，从这里开始沿着一条20里长的松道前行，仿佛是一个仪式。松树在中国古代具有高风亮节的象征意义，朝山的人们沿着这条松道前行的过程中，内心的烦恼被一路的习习松风荡涤一空。当他们出现在天童寺门前的时候，俨然开始了一段新的人生旅程。

古朴的宋韵小村

入天童寺先得翻一座岭，岭不高，名"小白岭"。这个名字与天童寺的"太白"相对并称，其意就是"小太白山"，或者天童山为"大白"，而它就是"小白"。

过小白岭，要经过小白村。今天我们从城区驱车沿鄞县大道右拐入宝瞻公路，驶过一段缓坡，大约过数百米，就来到了三面环山的小白村。

小白村，因村后有小白山而得名，过去也称"少白"，地名普查后确定为"小白"。2006年9月，宁波市文物考古部门在附近发现了 5 座西晋时期的墓葬，其中 2 座墓葬的墓砖有明确纪年，证实从那时起，周边已有先民繁衍生息。宋代起形成聚落。在小白岭古道曾经热闹繁华的千年岁月里，小白村也曾一度热闹非凡。譬如村口的凉亭，便是那时为行人挡风遮雨歇脚而设置的。在村口，还有两棵参天古树，一棵香樟、一棵银杏，枝繁叶茂，树干需 3 人环抱。据考证，两棵古树分别有 500 年与 200 年的树龄，像是两位饱经沧桑的老人，向每一位游客诉说着古村的历史。据介绍，在小白村，像这样的古树有 30 多棵。

前往小白岭古道的入口就在村中，距离公交车站约 500 米。古道并不长，大约半小时即可走完。也正因如此，游客至此，便顺带游览了这个洁美宁静、有若"世外桃源"一般的古朴小村。

小白岭古道

村中，古色古香的路灯、与周边环境融为一体的道路指示牌、竹片做成的篱笆墙、墙头屋外的盆栽，还有潺潺的流水、白墙黛瓦的联排民居、农家种的柿子树，以及涵盖花鸟树木、勤学劝勉、寓言故事等诸般内容的美丽墙绘，总能令人驻足流连，仿佛置身古风小镇。

小白河边一棵枝叶茂盛的古树下，有一清澈见底的水潭，终年不涸，没有自来水的时候，一直是村民的饮用水源。据传，这个水潭是一位叫蔡锡的先祖开挖的，旁边的古树也是蔡锡亲手所栽，距今已有370多年历史。

蔡锡，字廷予，系今小白村蔡家先祖。据康熙《鄞县志》记载，在小白村有蔡廷尉宅，为大理寺卿蔡锡居所，宅中有逍遥堂。当然，由于历史久远，这些古建筑现在都已经不存在了。

小白村一角

两位"蔡公"的时空交集

蔡锡是明朝的一位官员,但他与北宋著名书法家、政治家、茶学家蔡襄有着一份穿越时空的交集。这份交集,源于千里之外福建泉州的一座著名桥梁——洛阳桥。

洛阳桥,原名"万安桥",位于福建泉州东郊的洛阳江上,临台湾海峡。桥长834米、宽7米,横跨晋江、惠安两县,它与北京的卢沟桥、河北的赵州桥、广东的广济桥并称为中国古代四大名桥,是中国现存最早的跨海梁式大石桥。

泉州洛阳桥

洛阳桥始建于北宋皇祐五年（1053）至嘉祐四年（1059），初建时长三百六十丈（约1123.2米），宽一丈五尺（约4.68米）。

古往今来，与洛阳桥相关的传说故事甚多。如明人传奇剧目中有《四美记》和《洛阳桥》，均演宋代蔡襄修建洛阳桥的故事。剧情大意是：蔡襄的母亲坐船过泉州洛阳渡，遇狂风巨浪，险遭不测。后来蔡襄中了状元，为酬母建桥心愿，使计让皇帝派他到泉州做官，遂建造洛阳桥。

剧中有一情节流传甚广。因工程浩大，蔡襄在建桥中遇到了经费匮乏的问题，当地富豪却不肯出手捐助。大慈大悲的观世音菩萨闻悉后，化作美女坐于舟上，称谁能用金银掷中其身，即许配其人为妻。富豪子弟纷纷一掷千金，当然谁也无法掷中。剧中还有观音与吕洞宾斗法、鲁班帮助造桥、夏得海入海投书等离奇情节。

据说，当年身居皇宫大院的慈禧太后也是《洛阳桥》的"铁粉"，逢年过节都要点演这出戏。在民间，当年老上海的戏馆、茶园逢年过节必演《洛阳桥》。民国初期，著名影星阮玲玉主演过无声电影《蔡状元建洛阳桥》。郁达夫《咏泉州》诗里也有一句"桥上人歌蔡状元"。由于这些戏剧与诗文的影响非常大，以致"重修洛阳桥事，后传奇家并属之蔡端明（蔡襄），人不知有四明蔡公也"（徐兆昺《四明谈助》）。

徐兆昺在《四明谈助》中讲到的四明蔡公，指的就是蔡锡。而这些称颂宋代蔡襄的传奇剧，特别是其中的"夏得海入海投书"

情节，实际上是根据明代鄞县人蔡锡重修洛阳桥的故事演绎的。

蔡锡于明永乐十五年（1417）中乡试，后入太学，时皇帝下诏，要在太学生中选学问和品行俱佳的20人充当近侍官，蔡锡入选。明仁宗洪熙元年（1425），蔡锡授兵部给事中，由于性情刚正不阿，遭到一些权贵的忌惮，于明宣德年间（1426—1435）出任福建泉州知府。

道光《晋江县志》有载，蔡锡出任泉州知府后，"廉慎勤敏，孜孜为民，均徭役，兴学校"。这期间，他还干了一件石破天惊、泽被后世的大事，那就是重修废弃已久的洛阳桥。今天我们看到的洛阳桥，其主体建筑格局就是蔡锡在那个时候修复的。

明末清初赵吉士撰写的《寄园寄所寄》及近代董康编撰的《曲海总目提要》，还有《台湾文献丛刊·小琉球漫志》等，均对此事有大致相同的记载：

> 宋蔡忠惠（蔡襄）创洛阳桥，俗传移檄海神，一卒应募，得"醋"字还。解曰："酉月二十一日。"此事亦奇。然实国（明）朝蔡锡之事。《名贤录》云：蔡锡，字廷予，鄞人，中永乐癸卯乡试，入国监，以学行选授兵科给事中，升知泉州府。时洛阳桥圮，发故石，有刻文云："石头腐烂，蔡公再来。"遂捐俸修之。桥故跨海，潮日奔洓，施工极难。锡乃为文檄海神，募赍批者，皆莫应，忽有一醉卒（即夏得海）跪踉而前曰："我能往。"

乃饮酒大醉，自没于海，若有神接之者，遂得批以还，复于锡，上有一醋字。锡安意曰："得非八月二十一日耶？"刻以是日兴工，潮不至者旬日，桥遂讫工，更其名为万安。民德之，立祠其旁，配享端明（指蔡襄）……"

道光《晋江县志》也引《闽书》记载：

> 宣德间，蔡锡以给事中知泉州。先是，洛阳桥圮坏，故石有刻文云："石摧颓，蔡再来。"至是，锡捐俸修之……卒醉卧海上，寤视檄面题一"醋"字。锡曰："酉月廿一日也。"至期潮果不至。桥成，民祠于蔡忠惠（蔡襄）祠畔。

同样的记载还出现在徐兆昺编纂的《四明谈助》中：

> 时洛阳桥坏，发故石，有刻文云："石头若开，蔡公再来。"桥，故宋太守蔡襄所建，公来守郡，适同姓，遂议修之……

一块石碑、两任蔡公，因为造桥、修桥，在泉州因缘际会，冥冥之中似有定数，说来真是一种巧合。

史载，蔡锡赴任泉州后，决心修复塌坏的洛阳桥，由于桥跨江海，海潮时涨时退，时机很难把握，众人对能否修复此桥争论不休。蔡锡便写了一篇祭文，请求海神帮忙，并当着众人的面，故作沉吟地说："谁能下得海呢？"

这时来了位喝得醉醺醺的皂隶，自称下得海。其实，此人姓夏名得海，他"误以为"蔡知府在叫他，便一口答应。蔡锡不知他叫夏得海，以为他能下海。皂隶醉后领命，就稀里糊涂地拿着祭文跳入海中。过了片刻，他从海水中钻出来，称海神告诉他一个"醋"字。蔡锡听后，似有所悟："是期我八月二十一日酉时也。""遂以是日举工，潮旬余不至，工遂成。"

洛阳桥碑

醉卒下海得"醋"字，使桥得以修成。这个故事一直被后人津津乐道，并作为真实的史事载于《明史》。明眼人一看便知，这是蔡锡与夏得海合演的一出双簧戏。由于这出戏的情节充满了传奇色彩，后人便把这个故事附会到了宋代蔡襄身上，为蔡襄的戏份增色，夏得海也因此"竖子"成名"夏将军"。

清人梁章钜在他的史料笔记《归田琐记·夏得海》中写道：

> 泉州洛阳桥畔，有夏将军庙，俗传蔡忠惠（蔡襄）守泉时，因修桥，遣醉隶夏得海入海投文，得醋字而返，遂于二十一日酉时兴工。儒者多斥其妄。按洛阳桥托始于忠惠（蔡襄），醉隶事则系蔡锡。见《明史》本传。后人因蔡姓而误附于忠惠（蔡襄）耳。

清人宋荦也在《筠廊偶笔》中说：

> 人不知而以其事附蔡端明，且以为传奇中妄语矣。

此外，洛阳桥上的诸多修桥碑文，凡提到这个"醋"字神话的，都写于蔡锡以后，而非以前。从情理上推测，蔡锡是修桥而非造桥，施工方法尽可参照前例，可能是利用潮水一事，当时各方意见难以统一，故蔡锡设计了"夏得海入海投书"这一奇谋，通过假借神示来坚定众人修桥的信心，统一大家的思想，后流传开来，由于蔡襄名气大，颂扬他的诗文迭出，以致后世之人一讲到洛阳桥就马上联想到蔡襄。

古往今来，为蔡锡功绩被遗忘而鸣不平的鄞人并不鲜见，除了清代的徐兆昺，比较有名的还有陈汝咸，他在《洛阳桥有感》中写道：

> 我昔披阅《广舆记》，中载端明作桥事。
> 草檄遣卒借海潮，醉隶复题一"醋"字。
> 酉月廿一神示期，是日海潮果不至。
> 水浅垒石克底绩，民到于今受其赐。
> 及读《鄞志·蔡锡传》，檄文锡构非襄制。
> 襄为创造锡重修，时代更易逾十世。
> 石摧颓兮蔡复来，端明早已勒石示。
> 昨过洛阳访遗迹，只有专祠祀忠惠。
> 别塑一像夏将军，云即昔时赍檄使。
> 反疑再来记失真，故将延予特弃置。
> 今春翻阅何氏书，与《鄞志》载毫无异。
> 何系泉产记泉迹，岂容虚假遗后议。
> 总因伯生误编纂，人知其一不知二。
> 大叹书生利济心，衰草荒烟同废弃。
> 我讶檄神事迹太神奇，君不见孔子庙中有修祭器钟离意。

陈汝咸是鄞县人，清康熙三十年（1691）进士，官至大理寺少卿，曾任福建漳浦知县 13 年、南靖知县 1 年。那时他从浙江去福建漳州上任，洛阳桥是必经之路。

清李邺嗣《鄮东竹枝词》也提到蔡锡修桥事："泉州太守政能平，架海为梁喜复成。石裂千年公适至，莫将后事属端明。"

蔡锡后调任山东副使，参赞宣府总兵军务，旋又被提拔为大理寺卿。明正统九年（1444）出抚湖广，任湖广巡按使，适逢当地闹饥荒，他悉心赈恤，使数万灾民得以活命。然而，副使邢端却利用这个机会截留、挪用救灾款物，充作军费军粮。邢端是位武将，平时屡建军功，对蔡锡这位顶头上司并不放在眼里，当他得知蔡锡准备向朝廷弹劾自己"贪纵"时，立即来了个恶人先告状，诬陷蔡锡"行检不慎"。

当时湖广洪江一带有土司韦同烈发动灾民叛乱，明廷调集湖广、四川及云贵等地官兵前往围剿，邢端也奉命平叛。因军情紧急，奉旨核查此事的御史听信邢端一面之词，将灾民造反的责任归咎于蔡锡救灾不力，请旨后将蔡锡逮捕，关押狱中。

景泰三年（1452）三月，刑科给事中林聪奉命勘察刑狱，发现蔡锡一案疑点颇多，于是夙夜忙碌，亲审案卷，终于查明邢端劣迹，向景泰皇帝上疏言明实情，将邢端下狱。

蔡锡获释不久，便辞官回到鄞县东吴老家，所带除了一些书籍，身无长物。每日徜徉于家乡小白河边的旖旎风光中，寄情山水，吟诗遣兴，著有《鄮山稿》。明代李堂《堇山文集》中有一首《登小白岭怀蔡大卿》诗，诗云：

太白樵翁廷尉郎，抚巡遗事郡书荒。
清才不愧东湖秀，传世犹存稿一囊。

一条古道走千年

宋代，自宁波城中坐船去天童寺，最近的码头是东吴镇小白村，而古松道就起始于出村后的万松关。经四脚凉亭、太平庵及吉祥亭，向东南行至小白岭巅，过揖让亭至广德亭，东行经种德亭后便进入天童老街，东出天童村后自彩虹桥附近折东北经伏虎亭、古山门、景倩亭，过清关桥便到达天童寺。全程约 8 公里。

这一路用石板、鹅卵石辅地，两侧巨松林立，郁郁葱葱，绿荫压地，便是直通天童寺的松林古道。

在交通并不发达的年代，人们绕过弯曲的道路，往来于山间小道，每当天气晴朗，总能看到许多村民背着竹篓在岭间穿梭。这些大多是天童、瞻岐、咸祥和北仑等地的人们，他们挑着土特产、小海鲜，经小白岭到小白河头坐航船，再到五乡、邱隘或宁波变卖兑米、换钱。

当时，从天童到宁波，单趟至少得花上 3 个小时。更远一点的瞻岐民众，打算带点那里的海鲜、土特产去宁波市区，凌晨 2

点前就得出门,先翻过瞻岐大岭,再翻过小白岭,待坐航船到宁波城区的埠头,也就是现在的中山东路、江厦桥东这一带,已经过了上午10点,再到卖完货赶回家中,一般都已在午夜以后。

直到上世纪六七十年代,山区民众必需的煤油,也是一桶一桶从城里的供销社运到小白村的埠头,再翻山越岭运到村中。老人们回忆,一个煤油桶,得6个人扛着,才能顺利地通过这条千年古道。

至于古道的历史究竟有多久,生活在岭下的村民说法不一,但较为统一的说辞是"自从有了天童寺,走的人多了,也就有了小白岭古道"。

这里有千余年的人文历史积淀。万松关、铁蛇关、五佛镇蟒塔、馒头石、揖让亭……每一处古迹,都有一段动人的故事。

旧时的揖让亭

万松关原址在小白村村东,与小白岭上的铁蛇关、天童寺外万工池旁溪涧上的清关齐名,是天童寺"三关"之首。古时,这里并不曾设关隘要塞,翻阅史料,元代时曾在此建有一座三门大牌坊,至民国时,则改为在路两侧各立了一根题名柱。但为何称为"关"呢?明代的密云圆悟法师偈云:"万松关不为关松,警策行人入路通。"万松关之设,正是起到了提示进入古松道的标志性作用。

自万松关起,沿着古松道约走1公里,就能看到一座穿廊式凉亭,称之为吉祥亭,此亭紧挨着太平庵,庵和亭为唐代天童寺住持心镜禅师所建,历代屡毁屡建。清道光三十年(1850),天童寺普济禅师募集资金,率先在原址复建太平庵。禅师精通医术,特别善于医治眼疾,为此,他将多年从医所得捐出,重建吉祥亭,同时募集资金购买田地,以每年的收益在亭中长年为行旅游客提供茶水服务。

此亭最值得一观的是两副亭联。宁波境内路亭石柱上常刻有对联,但多为乡绅所书,很少落款,而此亭的石柱上两副亭联都有落款,一联为"赖贫衲治目精医积锱累铢,今日重新结构;便行人停踪得所担登负笈,此间稍获安闲",为时任鄞县知事王丕显所书。知县为何会为一路亭书联,其原因与另一联"岂登比春台,只宜行李随身,到此半途终息力;倘时逢夏日,更得清茶适口,饮来一勺便生凉"作者有关。此联为官至翰林院编修的孙学駧所书,孙学駧还有另一重身份,即其父孙家谷曾任山西襄陵县知县,道光五年（1825）秋任乡试同考官时，当年乡试榜首正是后来任鄞县知事的王丕显。按旧例，孙家谷是王丕显的老师，孙学骃是知县老师的儿子。孙学骃不仅协助普济和尚筹建此亭，还借这层师生关系，向王丕显代求亭联，于是，这座小小的路亭便刻上了知县大人书写的亭联，为宁波孤例，十分难得。

两位宋代高僧的一段佳话

过吉祥亭后，小白岭上的镇蟒塔已夺目而入，格外显眼。相传唐会昌年间（841—846），高耸的小白岭上草木深深，岭间林中有巨蟒出没，伤害过往行人和香客。天童寺住持心镜禅师乃化山石为馒头，设法治蟒，将其焚化，并建此塔镇之，以保一方平安。至今，还能在岭上找到圆形石头，敲开后会发现里面有黑色物质，如同馒头馅，相传是治蟒余下的馒头石。

据《重造小白岭五佛镇蟒塔功德碑记》所记，心镜禅师建造的小白塔为六棱实心砖塔，高约33米。元明以后，塔渐废。清康熙十三年（1674）圆明禅师中兴，复而又废。民国九年（1920），天童寺住持文质禅师见塔历千年风雨侵蚀，倾颓已半，为保存古迹，出银圆5万元，开工重造，于民国十二年（1923）建成，又于塔前建屋数楹，安僧奉侍香火。

现塔为钢筋水泥结构，八棱七层，最高层设五方佛像，底层穿心7.3米，净高43米。塔心有盘旋木梯，沿着木梯拾级而上，

镇蟒塔（摄于1918年9月）

镇蟒塔（摄于1922年10月）

2023年亮灯的镇蟒塔（徐丹摄）

各层都可开窗观景。如今我们登上塔顶，凭栏北望，繁华的东吴镇区尽收眼底，小白村、小白岭则在林海松涛间若隐若现，一大片茶园尽收眼底；再向南瞰，烟波浩渺的三溪浦水库从山脉间露出部分身姿，在阳光的照耀下闪闪发光。

因于塔上最高层供奉五方五佛，故塔的全名为"五佛镇蟒塔"，简称五佛塔、镇蟒塔，俗称少白塔、小白塔。

塔院前原有一座穿廊式凉亭，称之为揖让亭。亭之名与宋代禅宗史上两位著名高僧有关。

两位高僧，一位是大慧宗杲（1089—1163）禅师，为宋代临济宗杨岐派第五世禅师，其创立的看话禅名重一时，北宋钦宗赐号"佛日"，南宋孝宗赐号"大慧"。绍兴二十六年至二十八年间（1156—1158）出任阿育王寺住持。另一位是宏智正觉（1091—1157）禅师，为曹洞宗第十祖，其创立了默照禅，建炎三年（1129）十月起，住持天童寺近30年，殿宇焕新，宗风大振，他把正传曹洞宗禅带到了天童，至今仍影响着天童寺。两位禅师虽在参禅方式上观点不一，甚至针锋相对，但他们之间却非常友好，时常往来。

大慧宗杲住持阿育王寺期间，有一天，偕甬上第一状元张孝祥赴天童寺访宏智正觉，当行至小白岭上时，宏智正觉禅师已率僧众来到镇蟒塔下恭候多时，几人见面后，便到一旁亭中暂歇，但二位高僧都谦让不已，谁都不肯先落座。一旁的张孝祥见此，感叹道："三代礼乐，今归释氏矣。"高度评价了二位高僧的谦让之行，认为是礼乐道德的典范。为铭记二位高僧的这段轶事，张孝祥遂将此亭命名为"揖让亭"，并亲题亭额。

此亭历代也曾多次重建，现址在镇蟒塔院东围墙外，1997年重修时，时任天童寺住持的广修定醒禅师为此亭补题了亭名。

今天童寺内有《宋故宏智禅师妙光塔铭》，为张孝祥所书。作为鄞州历史上的文化名人，张孝祥的状元策、诗、字，被称为"三绝"。他是宋高宗钦点的状元，宋高宗见其手迹曾赞曰："张孝祥词翰俱美，必将名世。"

张孝祥是宋词豪放派的代表，与鄞州另一位宋词大家吴文英，并称为鄞州历史上宋词名家之"双璧"，他的代表作《六州歌头》"长淮望断，关塞莽然平。征尘暗，霜风劲，悄边声……"展现了报效国家的壮志。

二十里松行欲尽

下小白岭不远，古松道便与童一村和天童村的老街重合。天童街像一条玉带，一头系着天童寺，一头连着小白岭。街呈东西走向，西从小白岭下的张监桥起，东至僧学堂，分下、中、上三段，自宋代起就是远近闻名的街市。

出天童村后，有一座水泥桥，民国年间由安徽富商出资捐建，此桥桥体刷成蓝色，桥栏水泥柱则被刷成彩色，正如其桥名一样，像一道彩虹横跨于溪流之上。百年来虽遭遇过多次大水，桥体依然如故。而且,此桥桥名也是由圆瑛宏悟禅师所题,颇具文物价值。

古松道便在此桥附近折北而行,如果说自万松关而始的松林古道与鄞东重要交通要道相重合的话,自此则可称是通往天童寺的专属松林古道。

1976年拍摄的天童古松道(余德富摄)

古松道的松树，据《天童寺志》记载，最早由昙德禅师在唐乾元二年（759）种植。其后，宋大中祥符年间（1008—1016）、明永乐十三年（1415）、清顺治十七年（1660），天童寺僧人曾多次补种松树。1979年整修天童寺后至今，相关部门也多次在沿线补种松树。

历史上，天童寺僧人为何锲而不舍地对这条古道上的松树加以补种，而且自离天童寺数公里外的小白岭下就开始种植呢？唐代著名禅师黄檗希运也曾以同样的问题向禅宗临济宗创始人义玄禅师提出疑问："师栽松次，黄檗问：'深山里栽许多作什么？'师云：'一与山门作境致，二与后人作标榜。'"

若从建筑学的角度来看这条古松道，其被称为进入寺院前的前导空间，是为了突出寺院的庄严，以空间的过渡，让香客有一种从尘世凡间逐渐进入净土圣境之感。而在寺院前设立长长的引道的做法并非天童寺孤例，前文所述的义玄禅师在寺前植松树，以及天台的国清寺、杭州的灵隐寺，寺院之前都有较长的前导空间，这一做法正是宋代以前大型寺院的共性格局。这长长的二十里松径正是天童寺至今还保留下来的唐宋时期寺院的基本形制，是天童寺不可或缺的一部分，也成为天童寺具有悠久历史的最好见证。

但遗憾的是，进入现代社会以后，这片耸立千年的古松林，也不可避免地遭遇了松材线虫病这种毁灭性病害的侵袭。

松材线虫病有"松树癌症"之称，松树一旦染病，最快40

天即会枯死,从单棵松树发病到整片松林毁灭仅需 3 至 5 年,是我国重大外来入侵物种,也是我国森林重大灾害性疫病之一。

据坊间传言,本世纪初,在天童寺周边山上安装从美国进口的转播接收设备,由于松木外包装里带有松材线虫,致使古松道的松树开始染病。

2004 年,媒体曾刊出一篇报道,称相关部门在古松道调查松树染病情况时,发现松树根部全是天牛虫洞,翻开树下枯枝叶,就能发现好几只天牛。天牛是松材线虫的媒介,可见当时情况之严重。据统计,古松道沿线原本 196 棵百岁以上松树当时仅剩 28 棵。有关部门高度重视此事,投入 100 多万元,在国内率先设立濒危古松材线虫病研究课题,迅速组织国内外专家研究开发松材线虫防治药物,并出台《宁波市古松树保护实施方案》。专家经过几年的努力,不断研发出新药物新技术,宁波的松材线虫病情得到有效控制。

如今我们去天童寺古松道,虽然松树多是后来补种的,但依然可见几棵劲松挺拔傲立,招手云间,生机盎然。古松道既是松材线虫的受害者,也是宁波成功取得防治松材线虫成果的见证者。

古松道沿路有三座路亭,形式相仿。

第一座伏虎亭是红色革命的见证地,1942 年秋,抗日武装曾在这里成功伏击日伪军,击毙日伪排长等人,并缴获枪械等武器。

第二座亭称为古山门,原称山门,又称三门。康熙十九年(1680)重建后,因其在元代之前已经存在,因此始称古山门。

第四章 天童道上

天童秋径

此亭历史上一直悬有"太白名山"一匾，今已不存。尚可一观的是亭内两侧墙上嵌有中国近代海军名将、邱隘人徐传隆的榜书"龙飞凤舞"四字。每一字用其擅长的一笔书法写就，分刻于四块碑刻上，既可独立成碑，也可合为一词，颇有趣味。

最后一亭便是著名的景倩亭，据记载，南宋淳熙五年（1178），任职宁波的皇子赵恺前来游览天童寺，还登临玲珑岩，他被天童寺的美景所吸引，不忍离去，一住数天。同来的王妃曾为此亭题写过"锁翠"二字，因此，此亭也称锁翠亭。此亭内的两侧墙上各嵌有六块碑，每碑上刻一梵文，以装饰感强的兰札体写成，其

113

一侧已知所刻为六字真言，而另一侧内容尚不知，留给后人无限的遐想。亭中原悬有中国近代著名诗僧寄禅敬安禅师撰书的对联"万松密锁云中寺，六月寒生溪上衣"。看到此联，也预示着松林古道即将结束，天童寺已近在眼前。

历史上，古松道的终点在清关桥，清关之名得于桥下一景，发源于太白山的西涧绕过天童寺万工池后，自清关桥桥洞喷涌而出，瞬间跌落悬崖，落差之大，宛如瀑布，似雾似雪，由此形成了天童十景之中的一景"清关喷雪"。

王安石与天童"宋韵诗路"

上文讲到，天童寺最"出圈"的植物是松树，是小白岭至天童寺的这片古松夹道。历史上，无数高僧大德、文人墨客都曾走过这条古松道，也留下过不少关于古松道的诗句。

青山捧出梵王宫

北宋庆历八年（1048）的春天，27岁的王安石沿着这条松道前往天童寺。这是他到鄞县任知县的第二年。当时他的心情非常愉悦，走完这条长长的松道后，脱口吟出了那首如今宁波人耳熟能详的《天童道上》：

山山桑柘绿浮空，春日莺啼谷口风。

> 二十里松行欲尽，青山捧出梵王宫。

王安石诗中的"梵王宫"，就是天童禅寺。诗中所描绘的，就是当时从小白岭到天童寺沿途的风景。那时，二十里松道两侧，是漫山遍野的桑树和柘树，极目四望，这片盎然的绿就像飘浮在空中，与天地浑然一体。穿行于这片生机勃勃的山色里，好心情随着山谷中春风送来的阵阵莺啼而格外舒畅、激荡。当走完由这二十里松林构成的"深径回松"，再穿过一片叫"凤岗修竹"的竹林时，一座规模宏大的寺院突然间扑入眼帘。在青山的簇拥下，梵宇巍峨，层层叠叠，给人的印象无疑是深刻而震撼的。

二上天童访名僧

这是王安石第二次前往天童寺。上一年——北宋庆历七午（1047），他到鄞县任知县后不久，调研了全县的地理环境和水利设施等情况，督促乡民兴修水利、发展生产，并写了散文《鄞县经游记》，记录了自己这番身体力行的经过。

在文章中，王安石特别提到"游天童山，宿景德寺。质明，与其长老瑞新上石望玲珑岩，须猿吟者久之而还……"这是他经游鄞县的第八和第九天，这两天中，王安石游览了天童寺，并与友人瑞新长老一起，饶有兴致地登上寺后的玲珑岩，倾听了猿猴的吟叫，于第二天下午到东吴，雇了一条船西行。那一次，他从滨海到天童寺，是从镇海（今北仑）翻越太白山过来的，先到天童寺，回程时再走二十里松道，所以就没有"二十里松行欲尽，青山捧出梵王宫"的感受。

一年以后，王安石为何会再次前往天童寺？我们根据他的一些诗文推测，他此行的目的，应该是去拜访时任天童寺住持的瑞新禅师。宋代，与高僧唱和、谈禅，相互切磋学艺，是文人士大夫的风尚。王安石一生，与多位禅僧保持着密切的交往，据其《文集》及宋人各类笔记、杂史等记载，有几十人，瑞新是其中之一。

据佛教禅宗史书《五灯会元》记载，瑞新为云门宗僧人。云门宗作为禅宗流派，在北宋时相当活跃，与临济宗并驾齐驱。瑞新嗣法福昌重善，为南岳青源十世孙，于北宋庆历年间（1041—1048）住持明州天童寺。

王安石的诗文中，有多处提到瑞新，典型的如《答瑞新十远》：

> 远水悠然碧，远山天际苍。
> 中有山水人，寄我十远章。
> 我时在高楼，徙倚观八荒。
> 亦复有远意，千载不相忘。

诗人登楼远眺，倚观八荒，只见远水澄碧，远山苍茫。高僧瑞新有《十远》诗相赠，临风和之，神交不忘。从中可见两人多有往来，交情甚笃。

寺壁书文悼瑞新

王安石还写有《书瑞新道人壁》一文，其文曰：

> 始瑞新道人治其众于天童之景德，予知鄞县，爱其材能，数与之游。后新主此山之四年，予自淮南来视苏州之积水，卒事，访焉，则新既死于某月某日矣！人知与不知，莫不怆焉！而予与之又久以深，宜其悲也。夫新之材，信奇矣，然自放于世外，而人悼惜之如此。彼公卿大夫，操治民之势，而能以利泽加焉，则其生也荣，其死也哀，不亦宜乎！
>
> 皇祐五年六月十五日，临川王某介甫题。

皇祐五年为公元1053年，此时，王安石赴任舒州（今安徽安庆）通判，瑞新禅师也已经离开天童寺，移住金山龙游寺（今镇江金山寺）。从这篇文章中可以看出，王安石出差到苏州，处理完公务后，便顺道去镇江看望老朋友瑞新，到了那里，才知道瑞新禅师已于不久前圆寂，心中甚是悲伤，于是在寺壁上题写了这篇悼文。

据北宋文学家曾巩的《金山寺水陆堂记》等记载，瑞新是在皇祐元年（1049）住持金山寺的。时金山寺新经火灾，殿宇无存。瑞新到任后广结善缘，发誓重建。他募钱百余万，重建水陆堂等建筑，使金山寺庄严寺貌得以恢复，但瑞新却因积劳成疾去世。

王安石认为，瑞新才智过人，虽遁迹空门，自放于尘世之外，但寺院周边的人们对他的去世深表哀悼，足见瑞新的德行圆满。由此王安石不由感慨：当世的公卿士大夫们位高权重，如能像瑞新那样，施恩惠于百姓，那他们也会像瑞新这样受到百姓的爱戴，死后受人纪念。文章寥寥数语，即把瑞新的品行操守完全表达出来，字里行间充满了真情实感。

此外，在《涟水军淳化院经藏记》一文中，王安石对瑞新的才智和二人的交情也都有过交代：

> 若通之瑞新，闽之怀琏，皆今之为佛而超然，吾所谓贤而与之游者也。此二人者，既以其所学自脱于世之淫浊，而又皆有聪明辩智之才，故吾乐以其所得者间语焉，与之游，忘日月之多也……

在王安石看来，瑞新和怀琏二僧有着高洁的品行，既具才智，又不染尘世，"故吾乐以其所得者间语焉，与之游，忘日月之多也"。可见，王安石对修行精进、持律甚严的禅师很是钦佩，与他们心心相契。

王安石此文中提到的大觉怀琏禅师也是宋代名僧，俗姓陈，为福建漳州人。宋仁宗时任京师十方净因禅院住持。仁宗皇帝曾多次在成化殿召见他，问他佛法大意，怀琏禅师对答如流，很合仁宗心意，故仁宗皇帝赐其号为"大觉"，意思就是有道之高僧，并御笔颂诗17篇赠大觉怀琏。北宋治平年间（1064—1067），怀琏禅师离开京师繁华之地,先驻金山寺,不久即归隐于四明育王山广利寺,即今阿育王寺,20多年后圆寂,享年82岁。

王安石一生,以建功立业、济世救民为己任,以孔孟儒学为依归,希望吸收佛学的智慧,为建立适应时代需要的新经学服务。熙宁变法受挫后,他遭遇了一连串的人生剧变:最钟爱的儿子王雱英年早逝,新法被守旧派悉数否定与推翻,他的"救万民于水火"的人生理想被贬为"陷万民于水火"。这使他对朝政心灰意冷,于是远离政坛的纷争,在江宁(今南京)的山水之间度过了生命中的最后时光。在那里,他将自己的住所改成寺院,称半山寺,自己则在秦淮河畔租了间民房,过着闲适淡泊的退居生活;在那里,他写下了《维摩诘经注》《金刚经注》《楞严经解》《华严经解》,对佛学的认识与领悟达到了一个非常高深的境界。

最思东山春树霭

王安石知鄞千日,影响千年。他于繁忙的工作之余多次到访东吴,其中有记载的有以上两次,还写下多篇与东吴相关的诗文。除了那首著名的《天童道上》,王安石跟东吴相关的诗作还有:

太白岭

太白巃嵸东南驰,众岭环合青纷披。
烟云厚薄皆可爱,树石疏密自相宜。
阳春已归鸟语乐,溪水不动鱼行迟。

生民何由得处所，与兹鱼鸟相谐熙。

天童山溪上
溪水清涟树老苍，行穿溪树踏春阳。
溪深树密无人处，唯有幽花渡水香。

虎跑泉
供厨煮浴方成沼，转磨鸣春始到田。
还了山中清净债，却来尘世作丰年。

  王安石的诗，往往以诗理见胜，显露了一些独特的个性。如他写的《虎跑泉》（利济泉）诗，写利济泉为山中寺僧供厨煮浴、转磨鸣春，然后流出山中，流进田里，滋润庄稼，造福百姓。全诗写出了利济泉崇高的"利济"品格，可以看出，这正是王安石崇高人格的自我写照。

  王安石离开鄞县后，便再也没有踏上过这片土地。这位心如磐石的"拗相公"，虽然在政治道路上渐行渐远，但他对鄞县的牵挂始终挥之不去。鄞县是他的政治始发站，有他激情燃烧的岁月，也留下了他不到 2 岁夭折的爱女。鄞县的山水、民情，无一不在他的回忆中。鄞县的一草一木，无不承载着他厚重的情感。直到几十年后，他还在《忆鄞县东吴太白山水》一文中深情忆起鄞县：

第四章 天童道上

孤城回首讵几何，忆得好处长经过。
最思东山春树霭，更忆南湖秋水波。
三年飘忽如梦寐，万事感激徒悲歌。
应须饮酒不复道，今夜江头明月多。

一次，他从友人处看到一幅《明州图》，对鄞县的回忆被瞬间勾起，他如获至宝，望梅止渴地挥笔写下《观明州图》：

明州城郭画中传，尚记西亭一舣船。
投老心情非复昔，当时山水故依然。

留下过王安石与高僧瑞新一段交往情缘的天童道上，在岁月的穿行中，先后迎来过宋代的舒亶、史浩、陆游、范成大、楼钥、

天童道上

袁燮、谢翱、王应麟、薛嵎，元代的王蒙，明代的姚广孝、沈明臣、沈一贯，清代的袁枚、姚燮，现代的柳亚子、丰子恺等众多文坛大家，以及宏智正觉、应庵昙华、慈航了朴、虚庵怀敞、长翁如净、别山祖智、密云圆悟、寄禅敬安、荣西、道元、雪舟等数不清的中外高僧。

"松萝幂天堕空翠，迎面风香三十里""翠锦屠苏三十里，不知脚底白云深""海外精蓝特特来，青山迎我笑颜开"……从此，古道老街天童寺，一路禅意一路诗。

附：元宝篮

元宝篮最早在唐宋就已经出现了。唐代权德舆《送陆太祝》诗有"新知折柳赠，旧侣乘篮送"之句。这里的篮是篮舆，功能相当于轿子，形状却如元宝，所以称元宝篮，它是用竹篾打制的用具，在农村非常流行。它的最初功能是充当农村的"救护装备"，在产妇或病人上医院时充当"救护车"的角色。1949年后，元宝篮也曾一度"身兼数职"，派生出很多功能，成了老年人出行时的"轿子"、新娘子出嫁时的"花轿"。那时候，农村的道路以土路和石板路为主，稍微大一点的村子，都会备有几只元宝篮，以应付不时之需。

那时候，农村经常可以看到这样的情景：两个人抬着元宝篮健步如飞，后面跟着换肩的两个人也一路小跑——那一定是抬病

天童道上,右侧有人坐在元宝篮里(恩斯特·柏石曼摄)

人去医院的。当年的农村,无论是妇女临产,还是有人生病,如果需要送医院,基本上是用元宝篮抬着去的。

　　元宝篮因形如元宝而得名,它前低、后有靠背,分内外两层,内层紧密,考究的还编有花纹,外层编成菱形,底部夹有硬竹爿,内层涂有亮油防腐。做元宝篮的技术要求很高,从锯竹、劈篾、刮青、剖丝到编成成品,需要很多道工序,因而不是每个篾匠都会做的。

　　旧时,大凡集镇都开有几家"赁器店",专做出租婚丧喜庆用的器物和陈设,如盆碗碟盏、花轿花袄、凤冠霞帔等。除了赁器店,集镇上还有轿行,为有钱人提供出行服务。新中国成立后,轿子被取消了,轿行关门大吉,于是元宝篮取代了轿子,成了老年人出行的必备用具。由于迎娶新娘子的大红花轿也被取消了,但是婚嫁时新娘子脚不沾地的风俗没有变,于是,元宝篮一度替代了新娘子的花轿。那时候,只要村里有人出嫁,全村人都会挤到她家看嫁妆,数一数绸缎被面的被子有几床,看一看铜火熜、锡酒壶擦得亮不亮。在鞭炮声中,羞答答的新娘子被她兄弟抱出屋,抱进元宝篮里。这时候的元宝篮是最荣耀的:贴着大红的"双喜"、挂着大红的绸花和明黄的流苏,连毛竹杠也扎了红绸蝴蝶结,装饰得非常喜庆。新娘子半躺在元宝篮里,盖着一条花色艳丽的锦被,打着一顶花伞。轿夫用一条横杠穿过元宝篮上方的耳环,抬着新娘子,嘎吱嘎吱地向前走,后面跟着一大群看热闹的孩子。

如今,元宝篮已经走进了民俗博物馆,嘎吱声成了绝唱。可在人们的回忆中,仍是那样的亲切和灵动。

第五章
太白名山

宋韵东吴
SONGYUN DONGWU

从前有座山，山里有座寺，寺里住着一位老和尚。老和尚对新来的童子说，他叫义兴，有一天云游到此，见这里山清水秀，树高林幽，便结茅为庐。他每天诵经修持，并动手始建礼佛的精舍。那时候，山谷荒无人烟，童子每天给他送水做饭。日复一日，精舍建成了，童子向义兴道出真相：我是太白金星化身，因大师笃于道行，感动玉帝，遂派我前来护持。如今大功告成，特此告辞。言毕，童子隐逸。

因为这个传说，所以这座山叫太白山，这座寺叫天童寺。

这座山，距离宁波城区23公里，是鄞东的最高峰，主峰海拔达653.6米。因为天童寺是我国佛教五大丛林之一，这座山也由一座普通的山而成了名山。

"群峰抱一寺，一寺镇群峰"

有着"东南佛国"之称的天童寺，不仅是具有重要地位的佛教寺院，也是中国重要的文化遗产。它坐落在层峦叠嶂的太白山下，"群峰抱一寺，一寺镇群峰"。全寺占地面积7.64万余平方米，建筑面积达3.88万余平方米。有殿、堂、楼、阁、轩、寮、居30余个计999间。一条郁郁葱葱的万松大道恭迎宾客朝山进香。

据相关文献记载，天童寺的前身"太白精舍"建成于距今1700多年前的公元300年，比宁波建城的历史要早700多年。1700多年来，在天童寺的山林与僧房之间，晋代的义兴，唐代的法璿、宗弼、咸启、心镜，宋代的佛国惟白、宏智正觉、浙翁如琰、别山祖智，明代的密云圆悟，近现代的寄禅敬安、圆瑛宏悟等高僧，还有宋代的王安石、元末明初著名画家王蒙，日本的荣西、道元等人，都在这里留下了鲜活的印迹。

唐乾元二年（759），天童寺首次获得肃宗皇帝敕赐的"天童玲珑寺"名号。唐咸通十年（869），唐懿宗敕赐天童寺"天寿寺"名。北宋景德四年（1007），宋真宗赵恒以年号赐号天童寺，敕赐"天童景德禅寺"额。南宋嘉定年间（1208—1224），朝廷列天童寺为"天下禅宗五山十刹"之第三山。明洪武十五年（1382），明太祖册封天下名寺，赐天童山景德禅寺为"天童禅寺"，列为"天下禅宗五山"之第二山，"天童禅寺"之名始定。清代，天童寺与镇江金山寺、常州天宁寺、扬州高旻寺并列禅宗"四大丛林"。

新中国成立后，天童寺受到人民政府保护。1983年被国务院定为全国汉族地区佛教重点寺院，2006年被列为全国重点文物保护单位。2016年9月，天童寺被国家文物局列入申遗推荐项目"海上丝绸之路：中国史迹"的首批名单。

"太白名山"四字的来历

天童寺内有一石碑，上书"太白名山"，为南宋淳熙五年（1178）宋孝宗所题。

南宋时期，天童寺已成为禅宗名刹，多次获皇帝赏赐。景德四年（1007），宋真宗敕赐"天童景德禅寺"额。元丰八年（1085），宋神宗赐高僧惟白金紫衣一袭。建中靖国元年（1101），宋徽宗敕赐惟白"佛国禅师"号，并御笔撰写《天童景德寺惟白续灯录序》。淳熙五年（1178），宋孝宗翰挥"太白名山"四字赐寺。

说到"太白名山"这四个字的来历，必须提到三个人，一是宋孝宗次子魏王赵恺，二是鄞人丞相史浩，三是当时的天童寺住持慈航了朴禅师。

宋孝宗御书"太白名山"

淳熙元年（1174），魏王赵恺判明州。赵恺为人宽厚，精于吏治，心系百姓。他一上任，就下令暂停所属县邑的田租，用这些田租来办学，极大地推动了明州教育事业的发展。

淳熙五年（1178），赵恺携随从出明州城东行，翻越小白岭，来到天童寺，在住持慈航了朴禅师的陪同下，遍游天童胜景。他见这儿山清水秀，徘徊数日不忍离去，表示有机会一定要将太白胜景告知自己的父亲。赵恺的王妃卫姬长于书法，在这次旅行中，她特地为太白山下的锁翠亭书写了匾额。

赵恺来明州之际，正是史浩第一次罢相赋闲在家之时，两人诗酒唱和，其乐融融。没过多久，史浩起复右丞相，前往临安履职，他抓住机会，向宋孝宗赵昚转达了魏王的心意，并奏请孝宗为太白山题词。巧的是，时任天童寺住持的慈航了朴禅师也应孝宗之召，入内廷论道。于是，孝宗亲书"太白名山"四个大字以赐。

慈航了朴禅师随后修建云章阁，恭藏孝宗御书。可惜的是，后来云章阁和御书"太白名山"四个大字碑俱因山寺大火被毁。但幸运的是碑拓尚存，现藏日本京都东福寺。如今伫立在天童寺中的石碑，为后人据碑拓重刻。

北宋嘉定年间（1208—1224），宋宁宗又准史浩之子、丞相史弥远之请，建立江南禅寺等级制度，册定天童寺为"五山十刹"之第三山。自此，太白山、天童寺法名远扬。

"五山"即今天杭州的径山寺、灵隐寺、净慈寺，宁波的天童寺、阿育王寺；"十刹"即今天的杭州中天竺法净禅寺，湖州道场山护圣万寿禅寺，南京灵谷寺，南京大报恩寺，宁波雪窦寺，温州江心寺，福州雪峰寺，金华义乌双林寺，苏州虎丘云岩寺，台州天台国清寺。

南宋钦定的五山十刹在宋元盛极一时，后诸教院、律院亦仿设五山十刹，与禅院五山十刹并称。它对日本佛教的影响很大，南宋开庆元年（1259），日僧彻通义介入宋巡拜五山十刹，回国后作《五山十刹图》。此后，日本佛教开始效仿中国，设立自己的五山十刹，仿建宋风禅寺的建筑样式，仿行禅门的生活方式。中国的禅门清规、生活起居制度、诗偈、语录等在日本禅寺中也颇为流行。

最具神话色彩的山峰

2006年,宁波评选出十大特色山峰,太白山名列其中,被冠以"最具神话色彩的山峰"。

太白山的神话故事众多,其中最核心的,就是太白金星下凡帮助义兴建精舍的故事。那么,撩开神秘的面纱,太白山到底是一座什么样的山?

从地理上看,太白山属天台山脉,来自天台山的摘星峰,经宁海、奉化绵延至鄞州,历金峨山、福泉山,越大嵩岭,群山起伏,蜿蜒曲折,向东突起成太白峰。

云蒸霞蔚太白山(周勇摄)

太白峰为太白诸峰之首，挺拔峻伟，簇拥在群峰环抱之中。向东依次为东峰、中峰、乳峰，经大云山，过太白岭逶迤为大小盘山、鸣角楼山，翻瞻岐大岭而入东海的黄牛礁山；向南向西依次为钵盂峰、聿旗峰，伸延为玲珑岩、九陇山、九头山，逾小白岭逶迤顿伏为玉几山、育王山、鄮山、双峰山、龙山而达于鄞东平原甬江之滨。南宋宝祐（1253—1258）进士、永嘉派诗人薛嵎有《太白山观雪》一诗：

二十里松声，千山雪未晴。
人当绝顶见，吟到此时清。
大地球琳满，空林鸟雀惊。
老僧观物化，无灭亦无生。

太白山主峰，高度为海拔 656 米。雄尊独秀，俯视飞云起自足下。每当风雨时，雷电多从峰顶出。左右诸峰，作揖拱状。向东可远眺东海日出，向西可瞻望甬城烟尘，向南可观赏钱湖波光，向北可探视北仑巨舶。云雾常缭绕其腰，梵宫却稳坐其麓，峰顶周围宽广十余亩，有隐龙潭、响石。

太白山峰高林密，攀登蹊径有二：一是从天童森林公园沿玲珑岩拾级而上，约有十里之遥。曲径盘绕，怪石兀立，风光与险景俱在。登岩顶，有曲径，向北行三里，攀聿旗峰，沿途崎岖，荆棘丛生。更北上二里，乃登绝顶。另一为盘山公路，由天童绕小白，转沙堰，入太白山后，过明堂岙，依盘山公路盘旋而上，约一小时即达峰顶。沿途可见山涧溪瀑冲泻而下，颇有"飞流直下三千尺，疑是银河落九天"之势。近代高僧太虚有诗咏太白：

巍巍一太白，独冠万山雄。
云压金峨白，霞蒸玉几红。
松杉青掩映，岩石碧玲珑。
苦行感金宿，深林涌梵宫。
钟声流远籁，花雨散遥空。
大法宏临济，单传继少嵩。
甬中称佛地，宇内仰禅宗。
棒喝谁能会？诸方拜下风。

太白峰之东为中峰。向西遥望，与太白峰相对，作施礼拜揖状。东麓与放羊山相连，有放羊蓬，为清末净心禅师开荒治林之地；西麓为东谷，即古天童旧址，晋义兴祖师开山之所。重建的太白精舍掩映在苍松翠竹之中，迁建的开山义兴、中兴宏智、重兴密云三座祖师塔屹立其东。山翠窗绿，流云绕户。清初天童寺住持林野通奇禅师有咏东峰诗一首：

一峰霜外立溪东，为送归人指顾中。
可是东峰疑未定，樵人说是案山蓬。

太白峰与东峰之间为中峰。山麓原有中峰庵、天然阁、叠秀轩。庵旁建有密庵禅师塔，今庵塔均已不存，只剩三层台基残迹，仍掩映在茂林修竹之中。满山松杉环绕，中峰突出其上，似鹤立碧空。明代诗人张嘉庆有诗云：

> 孤空容鹤梦，来作片云观。
> 绝壑晴犹雨，高峰午尚寒。
> 岂知青凤影，只在碧霄端。
> 为笑投闲客，相期借一竿。

东峰之东有乳峰，与中峰并峙，以峰形似乳而得名。东、乳两峰结脉于太白山，与大云山、放羊山相连，群峰起伏，为东涧之源。山麓原有归来庵，已毁。古天童在东、中、乳三峰之谷，似天然宝座。乳峰虽较其他山峰略低，然满山枫樟，云泉相绕，深秋红叶染林，别具风貌。清初天童寺住持林野通奇禅师有咏乳峰诗云：

> 千丈岩头雪未溶，几回春梦欲相从。
> 偶来东谷寻梦迹，又见云泉滴乳峰。

太白峰南侧为钵盂峰，障于寺后。浮秀突起，上圆下展，状如覆钵，密林郁葱，承托簇拥。峰之西北有佛迹石、响水石、祖印崖等怪石奇崖，各具胜致。相近又有活眼泉，涓涓清流，久旱不竭，为西涧发源之处。明代诗人杨明有诗云：

> 太白耸奇峰，宛然类僧钵。
> 肖形天地初，炉火几灭没。
> 净水不可持，降龙亦虚设。
> 留与登高人，倚云观海月。

太白峰之西为聿旗峰，为寺之西障。陡峻惊扬，势如旗展。山路崎岖，顶却平坦，怪石林立，可坐可眠。卧而遥望，则有密林若绒，烟迷黛岫；俯而下瞰，黄墙千幢，云锁梵宫。由聿旗峰曲径直下玲珑，涓涓溪流汇下西涧。明代石奇通云禅师有聿旗峰偈：

> 莫作人间布影看，聿旗峰耸石头寒。
> 相逢若便知消息，岂用人呼倒刹竿！

此外，太白山周边还有玲珑岩、太白岭、小白岭。

玲珑岩峙立于寺之西侧。跨西涧沿天童森林公园曲径循级而上，盘绕登岩巅，约五里许。山径曲折，怪石垒坷，古木飞泉，摩肩接踵。而倾崖倒嵌，欲下坠，欲上天；苔藓附壁，若蚁穴，若蜂房，形态千姿百奇。有玲珑蓬、穿心洞、观音洞、拜经台、盘陀石等名胜古迹。登其绝顶，倏突倏平，古树野藤，云峦相依，为天童之一景。南宋文天祥抗元军谘议参军、爱国诗人谢翱有《雨饮玲珑岩下》诗：

> 垂云起嶔嵌，衣被松与桂。
> 夜合量斗光，隐若金石气。
> 雨来辄阻之，不得抚苍翠。
> 下有桑门子，饮用陶匏器。
> 盆中蓄海石，左顾如牡蛎。
> 疑此碛上来，不知几年岁。
> 桑门却问客，所居何姓氏。
> 回指南海峰，苍茫倘一至。

太白岭，又名天童大岭，在大云山与大小盘山之间，为鄞州与北仑两区的分界处。西为三塘村，峰峦相峙，溪流其中，犹如桃源胜景。循溪西行，约二里许，为寺之伏虎亭。岭东向右通三山海滨，向左达龙角山而至大碶及北仑区驻地新碶镇。明代学者闻龙有诗赞太白岭：

> 山云山雨驱复驰，东来海色凌云披。
> 有岭蟠郁大云外，高下流泉与石宜。

行人注目多在足,樵子努力行亦迟。
太白小白如兄弟,自卑自迤同熙熙。

小白岭在外太白山与小白村之间,距寺十里许,旧时为去宁波必经之路。由古山门出伏虎亭,过天童街至相子岩(即唐代孝子杜雍负母弃子之处)上岭,山径陡耸,原须拾级攀登,今辟为盘山公路。岭上有五佛镇蟒塔及塔院,登塔极目远眺,左顾为小白山脚之太白湖,湖光山色,波影相映,右盼为展展平原,稻浪滚滚,田陌港河交叉,使人顿感凡尘超脱而心旷神怡。下岭五里,过万松关,即达小白河头,原有天童中院,可搭船去宁波。今路、关、院皆废。新建有天宝线、宝瞻线。清代文人陈仅有《归途度小白岭》诗云:

一雨倦游兴,言辞麋鹿群。
僧从松下别,路向岭边分。
驻屐邀黄鹄,留诗赠白云。
后期终不爽,誓语佛应闻。

太白山十大胜景

自古以来,太白山有"深径回松""清关喷雪""双池印景""西涧分钟""玲珑天凿""太白生云""东谷秋红""南山晚翠""平

深径回松

台铺月""凤岗修竹"十大胜景。各具姿态，相映成趣。清代天童寺住持元乘、隐禅两禅师先后有诗，以纪其胜。

深径回松

进伏虎亭，两旁古松成屏，苍鳞虬干，青翠参天，碧盖蔽日，绿荫铺地，即使在炎夏盛暑依然清风拂面。

元乘、隐禅《太白十景》诗云：

元乘：开青辟翠两行松，夏续春阴雪断冬。未见梵天楼阁露，深深先有出云钟。

隐禅：万峰堆里百千松，遍绕僧庐秋夏冬。劈破重峦箬直去，隔林还听一声钟。

清关喷雪

外万工池畔，有一跨涧小桥名曰"清关"，桥下溪流水声潺潺。雨霁天晴，溪水暴涨，汇成大河，一时雪浪翻滚。关口之水自高而下，跌落谷间，形如素练倒挂，声若洪钟齐鸣。悦耳爽目，有声有色，蔚为壮观。

《太白十景》诗云：

元乘：最宜雨后看清关，百道泉归一喷间。滚滚雪涛翻不尽，大开龙口响空山。

隐禅：清溪如带锁禅关，雪浪奔腾乱石间。自有天机藏不住，一时喷出万重山。

双池印景

天王殿前，有二泉池，以开掘时施工浩繁，故曰"万工池"。始浚于唐至德二年（757）。明时住持密云禅师又加重浚。外池面积约2000平方米，内池面积约3000平方米。深数米，池水清洌，须眉可鉴，故又称"双镜池"。千嶂倒插，天光云彩映现其间，似一幅奇秀画卷，别有情味。相传一月明星稀之夜，普陀山观音大士曾现身于玲珑岩，映照在双镜池中。此美丽神话，又为胜景增添诱人魅力。

《太白十景》诗云：

元乘：池清外内合胸襟，容得千峰倒插深。荡月磨风如镜里，从无痕迹著浮沉。

隐禅：内外双池印短襟，烟鬟倒插碧潭深。清波一似禅心定，皓月当空万景沉。

西涧分钟

西涧，俗称罗汉沟。相传明时住持密云正拟浚西涧。忽来十八行脚僧，住寺搭挂。师与其谈及浚涧事。彼云："甚易，只须容我等坐宿一宵，明日即可开工。"师许之。是夜唯闻西山人声鼎沸，畚锸大作，响彻四野。翌晨往视，涧已告成，而十八僧不知去向。始知乃十八应真神通所化，遂名以"罗汉沟"。昔时西涧，怪石蹲踞，溪流湍腾，声若雷鸣，虽天朗晴明，仍激水喷溅。而今涧的上段已被盖没，桥外一干跨涧罗汉藤，依然枝壮叶茂，攀缘大树扶摇而上，古雅潇洒，颇有情味。

《太白十景》诗云：

元乘：钵盂峰下落匆匆，溪竹交加曲转东。听得满山风雨夜，钟声又在月明中。

隐禅：一条白练太匆匆，隔断祇园涧水东。分到钟声向西去，满山风雨一林中。

玲珑天凿

过罗汉沟，循天童森林公园拾级而上，约二里许，即至玲珑岩。其地岩奇石异，洞怪峰险，玲珑精巧，宛若天成。沿途峰峦林立，怪石若堕，古树野藤，攀附缠绕，溪泉流水，白练悬挂，名胜古迹，遍布其间。诸如听涛亭、玲珑岩、观音洞、拜经台、穿心洞、洞外天、甲寿泉、盘陀石、悟心洞、飞来峰等十余处景观，各有动人传说和神秘风采。甲寿泉在贞寿桥旁小石窟内，水色纯净，水味清甜。石壁上刻有"甲寿泉"三字。盘陀石，横卧于密林深处，呈蛋形。而石上古藤缠绕，盘根错节，然不见根之所自。绕过此石，有一嶙峋石壁，上刊"悟心洞"三字。洞内穿而迫窄，狭石如缝，仅容一人伛偻而过。出洞则豁然开朗，呈现出玉栏平台，气象新奇，别有洞天，故称"洞外天"。由此走上里许，山益峻，石更奇，乃"观音洞"，中滴细泉。相传观音大士常现身于岩上，影照双镜池。右偏为"善财洞"。两洞相望对峙，其间有"拜经台"，顶平足削，围以异石。登上飞来峰，可饱览四面风光：东望古刹，殿宇隐现；西眺太白峰，逶迤起伏；北观群山，陡列如屏；南见古林森森，披翠盖绿，诱人景色，目不暇接。

《太白十景》诗云：

元乘：西岩高豁有窗轩，云见真根水见源。卧雪瞻寒离夜虎，攀藤臂断堕秋猿。

隐禅：无端凿出翠微轩，探得玲珑造化源。今古是非从此起,山前山后听啼猿。

太白生云

巍峨太白山诸峰陡起,耸入云霄。每当雨后放晴或晨光熹微之际,云雾横于山腰,时而凝固不流,揉成万团棉絮,时而奔流如梭,缭绕于峰崖之间,太白主峰时隐时现,时浓时淡,虚无缥缈,洵属奇观。

《太白十景》诗云:

元乘:晴时为淡雨为浓,村外先占此一峰。我只在山看画法,妙于染处霭重重。

隐禅:出岫无心淡复浓,几回环绕最高峰。何当一扫浮岚净,四面依然积翠重。

东谷秋红

寺东沿涧而上,幽幽山径,迂回曲折。经青龙岗约二里,即至乳峰下东谷。此处乃义兴祖师开山结茅之地,故又名"古天童"。四山环合,绵亘数里,松林秀竹,杂以枫树榆木。时至深秋,谷间坡下,红叶片片,宛如一幅"霜叶红于二月花"之画景,令人陶醉。

《太白十景》诗云:

元乘：太白山中东谷秋，夕阳红树晚云楼。好春别有霜外天，早是梅花接上头。

隐禅：夕阳东谷一天秋，为爱残红特上楼。霜叶似花寒不落，误人遥指万峰头。

南山晚翠

由古山门而东，沿卵石小径往南，过金庄桥，历案山蓬，约二里许至南山。此处为明代高僧密云祖师塔院所在。昔时塔墓院舍，依山卓立，碑穹错峙，明窗开豁。无宏大华丽之雄，呈幽静典雅之胜。四面溪回山合，木秀石奇。当夕阳西薄，暮色苍茫时，坡上青松秀竹，余辉斜照，益显葱翠姣绿。

《太白十景》诗云：

元乘：南山翠拱北峰寒，觌面招呼向晚看。流水隔桥春尚在，竹扶松老万千竿。

隐禅：晚来浓翠逼人寒，山北山南不厌看。看到山穷水尽处，碧琅玕补万千竿。

平台铺月

天童寺法堂前平台，平坦宽广。当皓月当空之夜，清辉如泻，银光铺地，一派恬静清幽。披衣夜起，倚栏观赏太白夜景，苍茫山谷，万籁俱寂，皎洁长空，月色似练，夏听清泉，冬映白雪，美妙情趣，令人神往。

《太白十景》诗云：

元乘：月光铺满一台平，皎皎黄昏到五更。何处不逢山夜好，对人无此十分明。

隐禅：台砌周遭一望平，石栏徙倚到残更。寒钟敲破天边月，普放清光大地明。

凤岗修竹

过古山门，穿景倩亭，青凤岗下修竹如海，青翠欲滴。山风起处，弯腰摇曳，婆娑起舞，娇娜多姿，且有清吟丝竹之声。置身其间，顿有超尘脱俗之感。

《太白十景》诗云：

元乘：青凤岗头日日来，黄鹂啭处坐青苔。好风引入天然阁，竹下春兰秋又开。

隐禅：翠凤双双去又来，平岗修竹锁苍苔。虚心觅得真消息，只许山僧一径开。

凤岗修竹（胡龙召摄）

景象万千的天童森林公园

位于太白山麓的天童国家森林公园,是宁波的一块"绿宝石"。中国科学院地理科学与资源研究所研究员、森林生态学家赵士洞在考察天童森林公园后,惊叹地称之为"无价之宝"。1981年,这里建立了天童森林公园,这也是我国最早公布的三个国家级森林公园之一。

据专家调查,天童森林公园内有种子植物148科506属968种,蕨类植物24科49属114种,苔藓植物48科93属165种。另外,有陆生脊椎动物96种,鸟类20多种。森林公园不仅以"大树华盖"闻名于世,而且拥有8个典型森林植被群落,其中木荷、栲树常绿阔叶林群落和南酸枣、华东楠等常绿落叶阔叶林群落,是亚热带北部生长最好最典型的植被顶极群落,具有很高的观赏和科研价值,国际植被学会主席称之为不可多得的"浙江植物基因宝库"。1992年9月,第35届国际植被学会学术大会特意选择在天童召开。

公园内自然风光独特,由于受海拔、地形、植被和水体的综合影响,园内平均气温16.2摄氏度。夏季这里气温比市区低3—4摄氏度,最大日气温差值6摄氏度,是个避暑胜地。2021年,天童森林公园获评"浙江山林氧吧"。

公园内多奇石怪洞,磐陀石、飞来峰、虎跑泉、悟心洞、观音洞等散布其间,移步换景,景象万千。而半山腰的玲珑岩更是

天童森林公园

称绝,其怪石嶙峋,危立千仞,天然布满大小不一的孔洞,凹凸起伏,深浅不一,如同凿刻满佛龛、佛像的千佛岩,小孔形如针眼,深仅盈寸,大的孔洞穿山而过,让人通行自如。崖壁奇峭,其内中空,玲珑剔透,叩之有声。整块崖壁不得不让人赞叹大自然的鬼斧神工。北宋文学家舒亶来此游览后,曾写下"诡形迥与万山殊,空洞由来一物无。直恐虚心自天意,人间穿凿枉工夫"之句。"玲珑天凿"之名便由此而来,天童寺也因此被称为"天童玲珑寺"。自玲珑岩上飞来峰,俯瞰山谷中的天童寺,"二十里松行欲尽,青山捧出梵王宫"的诗境尽收眼底。

玲珑岩虽为天童胜景,但因山道崎岖,游览不易,特别是深幽之处,山高路陡,使来者望而兴叹。

王安石在《鄞县经游记》一文中写道:"甲申,游天童山,宿景德寺,质明,与其长老瑞新上石望玲珑岩,须猿吟者久之而还。"可见玲珑岩也曾是他游览的重点。

南宋文学家楼钥有《天童玲珑岩》诗："扪萝历栈上层峰，寝觉芒鞋踏半空。七窍几时开浑沌，八窗无处不玲珑。"写尽攀登玲珑岩的不易。

"路况"在1924年得到改善，据民国高僧印光大师所撰、晚清四大词家之一朱孝臧所书的《天童玲珑岩甲寿径缘起碑记》记载，民国十二年（1923）秋，周庆云来天童寺为自己的六十大寿做佛事。周庆云（1864—1933），字景星，自署梦坡，湖州市南浔人，清光绪七年（1881）秀才，年轻时经营蚕丝业，后转盐业，是著名的商人、书画家、收藏家，位列南浔富商"四象八牛"中的一"牛"。他登玲珑岩时，见山路难行，便出资1150多银圆，构筑通往山顶的山道，又花400银圆在山道上筑起牌坊以增山色。当时恰是周庆云六十大寿，古有"六十年为一个甲子"之说，"甲"又有首之意，极具纪念意义，因此，取新修的山道为"甲寿径"、新建的石坊为"甲寿坊"，路旁的泉水也取名为"甲寿泉"。

山道一经开通，极大地方便了游客登山。军政官员、文人墨客、释家高僧等来天童礼佛之余，寺旁的天童森林公园就成了他们的必游景点。公园内得天独厚的自然和人文条件，使得自玲珑岩至观音洞沿线可以看到摩崖石刻20余处。

第三次全国文物普查后，2010年9月，天童森林公园一地就公布了8个区级文保单位、5个区级文保点，其中涉及摩崖石刻的飞来峰摩崖石刻、悟心洞摩崖石刻被公布为区级文保单位，磐陀石摩崖石刻、虎跑洞、玲珑洞、善财洞被公布为区级文保点。

飞来峰摩崖石刻

南宋摩崖石刻字迹

天童森林公园内磐陀石摩崖石刻

南宋人曾在这里"打卡"

2021年11月,鄞州区文保中心工作人员在天童森林公园发现3块南宋摩崖,十分难得的是,内容均为南宋人"到此一游"。

3块摩崖均有纪年,分别为庆元丁巳(1197)、嘉定庚午(1210)和宝庆年间(1225—1227)。据鄞州区文保中心专家介绍,这是鄞州境内首次发现南宋摩崖,也是鄞州区现存最早的摩崖石刻。整个宁波境内,现存宋朝摩崖共约十几处。

此前,天童森林公园已发现有海派著名书画家王一亭诗文摩崖、李根源纪游摩崖、晚清四大词人之一朱孝臧书写的《天童玲珑岩甲寿径缘起碑记》等,大多列为区级文保单位。

此次发现的南宋摩崖石刻地点在悟心洞石壁上，一共3块。下方一块面积为43厘米×35厘米，所刻内容为"陈克甫、赵元恭、祖训恩畏无□履信习之，以嘉定庚午七月廿八日来，云溪上人同游"。从内容看，应是宋代文人墨客的纪游摩崖，惜"陈克甫、赵元恭"等人无法查考。陪同他们的云溪上人应为云溪逸，系天童寺第38代方丈牟山阡（1224—1308）的法徒。嘉定庚午即南宋嘉定三年（1210）。

中间一方大小在20厘米×35厘米，内容为"黄岩方子万同□□伍子献、僧休育以宝庆□□清明后一日曾来，侍行"。通篇用楷书写就。经查考，方子万是南宋宝庆年间的一位诗人，家宅有"园林之胜"，与同为黄岩人的南宋著名江湖诗派诗人戴复古是好朋友；伍子献则是南宋绍定初年庆元府（今宁波）府学的教谕，里籍不详，曾参与宝庆《四明志》的编纂校订工作。

最上侧一方面积为34厘米×47厘米，内容明确，"林贯之、赵致道、山甫，庆元丁巳孟夏廿二日来游"。庆元丁巳即1197年，是3块摩崖中年代较早的一方。

林贯之，原字转翁，福建莆田人，理学大家朱熹（1130—1200）为其改字为贯之，曾为之作《林贯之字序》。

赵致道，名师夏，字致道，号远庵，宋宗室之后，居台州黄岩。绍熙元年（1190）进士，官知兴国军、湖北常平提举。淳熙十四年（1187）师从朱熹，《朱子全书》收录有《答赵致道》书三通。后为朱熹之孙女婿。

山甫即赵山甫，原名希仁，字山父。因"父"同"甫"，所以摩崖中刻成"甫"。嘉泰三年（1203）任广东转运判官。其与周必大、杨万里相熟。周必大曾作《太守赵山甫示和篇次韵为谢》。杨万里与其相关的诗作有《答广东宪赵山父书》《太守赵山父命刘秀才写予老丑索赞》《送吉守赵山父移广东提刑》。

上述三人都生活在南宋晚期，与此摩崖纪年相符。其摩崖书法有着黄庭坚开张的韵味，具有宋人尚意的书法风格。由此，可以肯定这是一处南宋庆元三年（1197）四月二十四日书刻的摩崖。

本次发现摩崖的悟心洞位于山腰，也属于玲珑岩的一部分。此洞南北贯通，洞中两石相会，窄处仅容一人侧身而过，南侧洞口至崖壁有一平台，形成一处天然观景的好地方。

悟心洞北侧洞口原有民国年间纵刻"洞外有天然喜"字样，有趣的是，在本次发现南宋摩崖上侧方，另新发现一块"天然台"字样摩崖，落款"梦坡居士"，正是周庆云本人。

这一发现足以说明，玲珑岩一带虽在甲寿径开通前难以攀登，但在南宋时，已成为游客来天童寺游玩的一个好去处。

一幅描绘太白胜景的国宝级名画

太白山因天童寺而闻名。在1700多年的沧桑岁月中，天童寺经历过许多次劫难，屡经兴废，其中影响最大的一次水灾发生在明万历十五年（1587）七月，天童禅寺殿宇被洪水全部冲垮，础砾无存。直到40多年后的明崇祯年间（1628—1644），高僧密云圆悟住持天童，发力重建，最终形成了我们今天所看到的寺院规模和格局。那么，在明代重建以前，宋元时期天童寺的风貌又是怎样的呢？

有这样一幅画，它曾卷入明初第一政治大案——胡惟庸谋反案中，以致为画的作者惹来杀身之祸；它曾被历代名家收藏，是乾隆皇帝的心爱之物；它历经600余年时光，躲过了无数次劫难，差点成为一堆废纸。也因为有这幅画，今天的我们才得以一窥宋元时期天童寺的风貌。

这幅画，就是被历代山水画家奉为经典的《太白山图》。

元代王蒙《太白山图》中的天童寺

它的作者：元末四大画家之一的王蒙

王蒙（1308 或 1301—1385），字叔明，号黄鹤山樵，又号香光居士，浙江吴兴（今湖州）人，元末明初著名画家。他的外祖父赵孟頫、外祖母管道升、舅父赵雍、表弟赵彦徵等都是元代著名画家。受家庭熏陶，王蒙能诗善画。其山水画不仅受赵孟頫的直接影响，还师法王维、董源、巨然等人，开创了自己的独特风格。他的画写景稠密，布局多重山复水，善于表现林峦郁茂苍茫的气氛。他的这种风格，对明、清山水画影响甚大。明代画家董其昌评价王蒙："王侯笔力能扛鼎，五百年来无此君。"后人将王蒙与黄公望、吴镇、倪瓒合称为"元四家"。

按今天的眼光看，王蒙出身名门，画艺不错，生活过得很安逸，但或许是觉得这样的人生太无聊，年轻时的王蒙，也曾萌生过通过从政成就一番事业的梦想，可元朝统治者把天下人分为四等，汉人知识分子不受重视，甚至不开科举，大部分知识分子与官场和政治无关，只能到戏剧、诗画等领域一展身手，这也是元代戏曲、绘画艺术达到极盛的一个主要原因。

直到元末，张士诚据浙西，王蒙才被聘为理问、长史，也就是在地方上负责勘核刑名诉讼、审查各种案件的小官。当时，社会矛盾非常尖锐，各地反元起义风起云涌，所以，人到中年的王蒙只做了几年的官，就辞职进入余杭临平的黄鹤山中，重新过上了芒鞋竹杖、"卧白云、望青山"的隐居日子。

这期间，曾创作《富春山居图》的名士画家黄公望也已看破红尘,加入全真教,长期浪迹山川。另一名画家倪瓒同样漂泊于江浙之间,以诗画自娱。元末画坛"三巨头"经常聚在一起,探访各地名山,切磋交流画艺,创作了不少流传后世的精品山水力作。

也就是在这个时候,王蒙来到了"天下禅宗五山"之一的天童寺做客,在这里一住就是数月,受到住持元良禅师的热情招待,又被天童寺一带的优美景色感染,情动于中,灵感喷发,遂创作精美绝伦的《太白山图》。

元代王蒙像

《太白山图》纸本,设色,纵27厘米,横238厘米。画太白山天童寺及其周围景物,着重描绘天童寺前二十里苍莽松林。画面上,山峦重叠绵延,松柏苍翠,溪水幽深曲折。从天童寺山门,经长长的松径,到寺院的重重殿宇,僧人游客来往不绝,随着长卷的逐步展开移步换景。繁密之中有节奏变化,笔法遒劲,展现了王蒙在山水、建筑、人物画上的全面技能和控制复杂画面的出色能力。画心右上角有小字篆书"太白山图"四个字,画尾钤"王蒙印"。更难得的是此图使用了极为鲜艳的朱红色和汁绿色,历久弥新。

王蒙没有将画卷自己留存,而是慨然赠给天童寺的元良禅师,成为寺中珍藏。

它的遭遇：曾卷入中国画史上很特别的一段公案

本来，王蒙可以寄情山水，醉心丹青，悠哉度日，孰料，因错交一人，突然祸从天降。

朱元璋建立明朝时，王蒙已经是名气很大的画家，不少达官显贵争相与他结交。朱元璋也欣赏王蒙之才，命其出山做官。君命难违，已经 60 岁的王蒙出任山东泰安知州。

有一次，他受邀到左丞相胡惟庸府中，欣赏这位大官收藏的古今名画，万万没有想到，命运就此和他开了个大玩笑：他卷入了明初最大的政治案"胡惟庸谋反案"中。

胡惟庸和朱元璋既是同乡，又是早年一起打天下的战友，在朝中任左丞相多年。此人独断专行，总揽大权，许多生杀黜陟等重大案件，往往不向朱元璋请示，就擅自处理，以致引起朱元璋的忌恨。

据传，洪武十三年（1380）正月，胡惟庸称其旧宅井里涌出祥瑞，请朱元璋前来观赏。朱元璋欣然前往，走到西华门时，太监云奇紧拉住缰绳，急不能言，拼命指向胡家。朱元璋感觉事有异常，立即返回，登上宫城时，发现胡惟庸家上空扬尘，墙道里藏有士兵。朱元璋大怒，以"枉法诬贤""蠹害政治"等罪名，当即就将胡惟庸抄家灭族。此案上上下下受牵连致死者达 3 万余人，导致全国一片腥风血雨。

七旬高龄的王蒙也被无情地卷入了这场血案中，只因为当年曾到胡惟庸家中看过画，他也被指是胡惟庸的同党，被投入大牢，不久惨死狱中。

　　远在浙江宁波的天童寺僧人，听到这个可怕的消息，想到寺里藏有王蒙所作的《太白山图》，怕受牵连，可又不舍得销毁此画，于是就想出一个办法，把画卷最后部分的王蒙印章小心裁割下来，使这卷画成为一幅无名画家的作品。有心的寺僧，则把裁割下来的小纸片秘密收藏。直到许多年后，风波完全平息，才又小心把它补接回去，使它恢复原来的面目。

　　在很长一段时间里，天童寺的僧人都不敢轻易拿这幅画示人，从画卷后面的题跋看，只有明初高僧宗赟、杭州灵隐寺住持守仁、天台僧清浚等曾看过此画。明永乐年间（1403—1424），"靖难之役"的主要策划者、中国历史上著名的"黑衣宰相"姚广孝来到天童寺，受当时天童寺住持云壑禅师所请，在《太白山图》画卷后面题诗，有跋语云："永乐十五年秋七月十一日，前天童云壑禅师以王君叔明作《太白山图》见示，征余题。余因想壮年曾游是山，故不揣短才，遂赋此以塞禅师之命。逃虚老人姚广孝识。"诗云：

　　　　我忆先年游海上，胆气粗豪一何壮。
　　　　潮音听罢便翻身，会稽诸山都入望。
　　　　太白峰高缥缈间，白云为乡秋浩荡。

只疑蓬莱移在此，华顶雁山俱退让。
独行策杖探幽深，爽气拂拂穿衣襟。
风生阴谷猛虎啸，霜落老树穷猿吟。
斯须经由小白岭，二十里路青松阴。
涧空水浅红叶堕，径险石滑苍苔侵。
无人作伴心不怯，好如剑客来游侠。
扳萝陟磴不知倦，目视云霄路旁歇。
鹭池倒浸玲珑岩，寺藏岩畔真奇绝。
烟霞林麓拔地起，金银楼阁凌空设。
欢然如入芙蓉城，庞眉老禅来出迎。
松堂扫榻忘旅况，石鼎煮茗输真情。
何幸明时逢有道，不惜永夜谈无生。
黄鹤山人瘦如鹤，胸中磊魄填邱壑。
妙笔描成太白图，郑虔祁岳宜潜缩。
观公持卷来相视，惊喜舒开叹奇作。
肆意挥毫为一题，老眼昏华泪双落。

它的结局：历尽曲折艰险终于重见天日

大约在明朝中期，这卷画流出天童寺，先是被人带到杭州，不久，成为著名画家沈周的收藏品。明嘉靖年间（1522—1566），此画又流落到无锡，被当地大富商安国买下。后来，安国又把此画转卖给江南第一大收藏家项元汴，项元汴把画藏在嘉兴老家的天籁阁里。这一藏就是百年左右。

明亡，南下的清军大肆劫掠，项家几代收藏的书画全被掠走。

清康熙年间（1662—1722），这幅画先后落在北方两位有名的收藏家之手，一位是曾当过高官的河北"真定相国"梁清标，另一位则是在扬州当盐商致富的朝鲜裔藏家安岐。

到了清乾隆年间（1736—1795），这幅画被清宫收购，此后一直收藏在乾隆皇帝的御书房里，成为乾隆的珍爱之物。

又过了100年左右，末代皇帝溥仪在出宫前，以赏赐弟弟溥杰为名，陆续将包括《太白山图》在内的千余件书画珍品经天津转移至长春。

1945年，溥仪逃离长春时，将这些书画珍品藏在了伪皇宫西院的一座小白楼内，遭到伪满士兵哄抢，部分珍品流入民间。

1948年3月，郑洞国任东北保安司令长官"固守长春"。其间，他用黄金向古董商收购了一些从"小白楼"中流出的书画，其中就有这幅《太白山图》。

同年10月，落入人民解放军包围圈的郑洞国率部起义，他将随身携带的几件国宝级书画珍品全部上交。时辽沈战役正酣，这些国宝没有引起部队领导的重视，与作战地图及档案资料等夹在一起，被锁进了一栋破旧的楼房里，一放就是10年。

新中国成立后，郑洞国出任全国政协委员和军委会国防委员。他惦记着这几件书画，于是向国家文物局询问，引起当时国家文化部文物局局长郑振铎的关注。

经过一番查找,历经沧桑的《太白山图》终于在大堆布满灰尘的作战地图和档案资料中重见天日,成为东北新成立的辽宁省博物馆一级珍藏品。

这幅画,是历史上唯一反映宁波风貌的国宝级珍品,它穿越历史的时空,让我们今天能够比较直观地看到宋元时期天童寺的繁荣兴盛,也让我们领略到了中国元代画家的丹青水墨之妙和倾注在画中的人生情感。

第六章
海丝风起

宋韵东吴
SONGYUN DONGWU

宁波，作为海上丝绸之路的始发港之一，自唐宋以来，与日本进行了频繁的经济、文化交流，大量的青瓷、茶叶、丝绸、书画等源源不断输入日本。与此同时，一批批僧人和工匠也把宁波的禅宗文化、建筑文化等传播到日本，它们与日本文化元素相融合，积淀为日本文化基因保存至今。

由于深厚的历史渊源，如今日本人用"圣地宁波、祖庭天童"来形容一衣带水的宁波和天童寺。2009年，日本奈良以"圣地宁波"为名，举行了大型寻根活动，并出版《圣地宁波》一书，记录日本对宁波文化的一脉相承。

日本学者村上博优于1979年底首访宁波天童寺，此后近40年间，他先后120次来甬，每次都要到天童寺考察有关中日文化交流的史迹，在他的心中，宋代的中国文化是日本文化之源。"没有中国文化，日本文化就不敢大声说话。"

日本禅宗的"祖庭圣地"

唐长庆元年，即公元821年，明州州治从今江北"城山渡"的句章故城（一说小溪，即今鄞江）迁至三江口后，构建州城，兴建港口，置官办船场，修江南运河（今杭甬运河），使明州成为我国造船业最发达的地区之一，跻身四大名港之列。

那时，从日本的博多港出发，横渡东海，就可直接到达明州。在那个遥远的年代，这是一条从日本到中国最简便和快速的路径。

日本遣唐使先后 4 次在明州港登陆入唐，叩问博大精深的汉唐文化。由此，中日之间的交流逐渐变得密切起来。

荣西：日本临济禅门祖师

公元 1168 年，南宋乾道四年，当一个日本僧人随着颠簸的风帆大船驶抵宁波三江口时，正是黎明时分。

此时，大地已经苏醒，天空中的朝霞映衬着山峦起伏的天际线，显得如此美丽，悠扬婉转的渔歌和喧嚣嘈杂的码头交织出一派动人的景象。

这位僧人名叫荣西。

荣西，俗姓贺阳，字明庵，号叶上房，日本备中吉备津人。荣西很小的时候就跟随父亲学习佛教知识，及至 14 岁出家，勤奋刻苦，几经历练，渐渐对来自中国的天台宗产生了浓厚兴趣。

1168 年，27 岁的荣西抱着迫切求法的愿望来到明州。随后，他一路寻访，参谒了天台山万年寺，宁波天童寺、阿育王寺等禅宗名刹，凝神求教，颇有心得。但囿于留宋的时间限制，几个月后，荣西携带着《天台新章疏》等 30 余部，共 60 余册典籍乘船返回日本。

荣西回到日本后，潜心查阅天台宗书籍，始觉第一次入宋如此匆匆，未能对中国禅宗深入了解，这成了他的心头大憾，于是再次发愿西渡。

1187 年，荣西再度前往中国。他在天台山的万年寺拜谒了虚庵怀敞,向这位临济宗黄龙派第八代嫡孙问道参禅。

荣西把虚庵怀敞视为恩师。不久,因虚庵怀敞住持宁波天童寺,荣西也跟随恩师来到天童寺,侍奉左右,虚心求教,参究佛法。就这样,荣西在天童寺一住就是5年。这5年,不仅是荣西佛学生涯的转折点,也是中日佛教文化交流史上的生动一页。

1191年,荣西终于得到虚庵禅师的认可,继承临济正宗的禅法,成为临济宗的第十六世传人。

荣西归国后,决心把禅宗的临济宗弘扬到日本,他以九州为中心,全力倡扬禅法。随后,荣西在博多建立了圣福寺,参禅者四方云集,声名远播,这是日本禅寺的创始。

不久,他受邀前往京都奈良刚刚落成的建仁寺,成为这里的开山祖师。

日本静冈县的"茶祖"荣西雕像

他继承了临济禅正宗法脉，把中国的禅宗理论加以发挥，融天台宗、密宗、禅宗于一体，从而形成了日本禅宗的特点。

日本禅宗虽早在奈良时代即开始流传，但并不兴盛，真正独立成宗，形成广泛影响的，首推荣西所开创的临济宗。因为荣西，中国的临济宗实现了东渡大海，扎根日本的夙愿，成为日本禅宗的重要派别。为此，荣西被尊为日本临济宗创始人、日本临济禅门祖师。

荣西在天童山时，曾听师傅虚庵怀敞说要改建天童寺的千佛阁。荣西当即表示："思及摄受之恩，糜躯而惮……它日归国，当致良材以为助。"后荣西果然派人浮海运来了巨木。《天童寺志·千佛阁记》记载："果致百围之木凡若干，挟大舶，泛鲸波而至焉。千夫咸集，浮江蔽河，辇致山中。"荣西运来的这些日本巨木，大多用作千佛阁的楹柱。

1215年夏天，74岁的荣西在京都去世。

道元创立日本曹洞宗

就在荣西圆寂8年后，他的弟子明全沿着师傅的路线来到宁波天童寺。和他一同前往的，还有一位日本僧人——道元。

道元，日本京都人，村上天皇第九代后裔，自幼接受过很好的汉学教育。14岁那年正式出家为僧。

他找到了从大宋求法归来的荣西大师，直接拜于他的门下，不料转年荣西就圆寂了。于是，他在荣西的弟子明全门下参禅，成了荣西的再传弟子。这一参就是9年。

1223年,他随同明全入宋求法,拜访了天童寺、阿育王寺,并且祭扫了天童寺西山坡上的祖师虚庵怀敞之墓。

2年后,明全病逝于天童山"了然寮",埋骨于此。道元则继续拜在天童寺方丈长翁如净的座下学法。

如净,宁波人,是曹洞宗第十三代祖师,他倡导默照禅,主张以心传心,见心成佛,只管打坐,不用烧香、礼拜、念佛、修忏、看经。

在遇见如净的第二年,道元就被定为传承人了。他丝毫没有懈怠,认真学习曹洞宗禅法,夜以继日勤参苦究,终于化解了多年来积存在心中的疑团,省悟得道并心悦诚服地领悟了曹洞宗流派的禅法,成为曹洞宗的忠实信徒。

3年后,道元学成。

回国后的道元,先住在京都的建仁寺。以后,他又依照大宋禅寺的建筑风格,于1236年建成了兴圣宝林寺。道元在竣工后的寺院里举行了开堂仪式,这是日本佛教最早按中国禅宗寺院仪规举行的开堂说法的仪式。

再后来,道元又建成了吉祥山永平寺。永平寺所呈现的禅宗寺院布局,与宁波天童寺一脉相承,故有"小天童"之称。永平寺从此便成为日本曹洞宗的传法中心,道元也成为日本禅宗曹洞宗的开山祖师。

不仅如此,道元还将中国宁波天童寺等诸大寺院所遵循的禅林清规传回本国,并依之制定了《永平清规》,成为最早把中国禅林清规比较完整地运用于日本寺院的日本僧人。他让曹洞宗默照禅一系在日本开枝散叶、发扬光大。

1253年,道元在日本永平寺圆寂,时年53岁。

自道元所创立的曹洞宗发展到现在,已经成为拥有16000座寺院的宗派,约920万信众,他们追怀源流,尊中国天童寺为祖庭,在日本佛教文化中有着广泛而深远的影响。

宋代天童寺与日本的交往

虚庵怀敞授临济宗于荣西,长翁如净授曹洞宗于道元,分别形成日本禅宗的临济宗和曹洞宗。这两大宗派,一直并行发展,源远流长,在日本禅宗史上具有重要的历史地位。而天童寺也有许多高僧应邀赴日弘法,成为一派宗师。

据《天童寺志》记载:在中国的宋、元时期,先后有33位日本僧人到天童寺参禅、求法。也有11位中国僧人赴日弘法、传教。宋代的天童寺,在不经意间成为佛教文化东传的一个重要出发地。

《五百罗汉图》中入宋的日僧

宋代来天童寺参修的日僧，除了荣西和道元，著名的还有以下14人。

重源：南宋乾道三年（1167）入宋，原拟参拜五台山，因该地已陷金，便改访天童、育王，次年返日。

明全：荣西弟子，嘉定十六年（1223）率法弟道元入宋。次年荣西忌辰，明全在天童山施楮券（宋、金、元时发行的纸币）千缗（一千文铜钱穿成一串为一缗）。又设斋施众僧。宝庆元年（1225），病逝于天童了然寮。

圆尔辨圆：荣西法孙，端平二年（1235）入宋，历参天童、净慈、灵隐诸山，谒痴绝道冲、笑翁妙堪、石田法熏等名僧，登径山继无准师范法统。淳祐元年（1241）回日本，带回经论章疏、儒家典籍等数千卷，对中国文化在日本的传播贡献突出。

明观智镜：嘉熙二年（1238）入宋，住天童寺，与兰溪道隆有深交，后劝道隆东渡赴日。

无象静照：圆尔辨圆弟子，淳祐十二年（1252）入宋，礼参天童、育王等寺，咸淳元年（1265）回国，创佛心寺于京都，大庆寺于相模，著《兴禅记》。无学祖元创圆觉寺时，与师分座说法。

寒岩义尹：道元弟子，宝祐元年（1253）和景定五年（1264）两度入宋，参学于天童、净慈之智远、义远。咸淳三年（1267）回国，开创大慈寺。

无修圆证：圆尔辨圆弟子，宝祐四年（1256）入宋，参天台国清寺断桥妙伦，至天童寺访西岩了惠。

俊侍者：入宋承无准师范法统。回国时携归天童山《别山祖智禅师语录》，请希叟绍昙作序，在日本雕版刊行。

藏山空顺：绍定四年（1231）入宋，曾到天童寺参西岩了惠。淳祐元年（1241）带经典数千卷回国。为圆尔辨圆弟子，在肥后创高城寺。

彻通义介：日本越前福林县人，13岁出家，学于比睿山，曾师事道元。开庆元年（1259）入宋，登天童山，礼拜祖塔后，历访各地四年，携若干伽蓝、法具图录回国，任永平寺第三世祖，创加贺（石川县）大乘寺。

樵谷惟仙：南宋景定年间（1260—1264）入宋，和无象静照、南浦绍明、约翁德俭等同谒虚堂智愚、偃溪闻、介石朋、简翁敬等高僧。又参拜天童山，继承别山祖智法统。回国后，开创崇福山安乐寺。

约翁德俭：兰溪道隆弟子，咸淳中（约1270前后）入宋，历参天童石帆衍、育王寂窗照、净慈东叟颖、灵隐虚舟度、径山藏叟珍等名僧。8年后回国，历住建仁、建长、南禅等寺，为后宇多上皇所器重，赐"佛行国师"号。

玉山玄提：咸淳年间（1265—1274）入宋，历访各地，参拜天童山直翁德举后回国，在九州东部日向创办大慈寺，为该寺开山祖师。敕赐"佛智大通禅师"。

宗英：兰溪道隆弟子，南宋祥兴元年（1278）十二月，受北条时宗派遣，持时宗亲书请帖，和无及德诠一起入宋，登天童山，礼请天童寺首座无学祖元赴日弘法。

宋代赴日弘法、传教的天童寺僧人，著名的有以下高僧。

兰溪道隆（1213—1278）：南宋嘉定六年（1213）出生于四川涪江郡兰溪邑，俗姓冉，名莒章。由于父亲在抗金斗争中牺牲，于13岁时前往成都大慈寺出家，师从良范潼关禅师，法名道隆，因籍贯而号兰溪。20岁时离开成都，游历江浙一带，先后参谒杭州径山无准师范、南京蒋山痴绝道冲及杭州净慈寺北磵居简等名僧。后应聘前往明州天童山，协助痴绝道冲禅师接引学人。南宋淳祐六年（1246）秋携弟子义翁绍仁、龙江德宣等乘日本商船到达日本。他不仅将宋地禅宗文化传入日本，还将宋代的程朱理学、绘画艺术、书法艺术等传入日本。弘安元年（1278）在日本去世后，后宇多天皇赐谥"大觉禅师"之号，这是日本"禅师"谥号之始。

寂圆智深（1207—1299）：河南洛阳人，幼年在天童寺落发，为长翁如净嗣法弟子，与日僧道元交谊深厚。宝庆三年（1227），道元得法回国，师拟同行，但因侍奉患病的如净禅师，未能成行。绍定元年（1228），如净禅师圆寂，送龛入塔后即启程东渡。首住兴圣寺，继居永平寺，再赴大野郡（今大野市）万福山银杏峰麓，坐禅修持。后得檀越豪族伊自良氏资助，历时3年，于1261年建成一寺，并以宋之"宝庆"年号名寺，为日本曹洞宗第二道场，寂圆为寺之开山，住持30余载。正安元年（1299）九月十三日圆寂，享年92岁。1988年，日本大野市市长山内武士及宝庆寺住职北野良道率"寂圆禅师回乡探亲团"参访天童。1990年在天童寺立

《寂圆禅师参学灵迹碑》。

义云：寂圆的弟子，南宋绍定元年（1228）随师东渡并随侍左右。于日本正庆二年（1333）十月十二日示寂。

西涧士昙（1249—1306）：浙江仙居黄氏子，幼年入紫箨山广度寺出家。南宋咸淳元年（1265）至苏州承天寺随侍石楼明，掌内记，旋至杭州净慈寺，参石帆惟衍。咸淳六年（1270），随石帆到天童寺，并得嗣其法。次年，应日本执政北条时宗之请，离开天童渡海赴日，住建长寺、东福寺，因年轻而未予主席。随后游历京都、镰仓，与东福寺圆尔辨圆、建长寺兰溪道隆交游甚密。在日本7年后，于景炎三年（1278）归国。元大德三年（1299），与一山一宁同行再度赴日，住圆觉寺、建长寺，受到日本幕府及朝廷的礼遇。德治元年（1306）十月二十八日圆寂于平观寺，塔于建长寺，敕谥"大通禅师"。其法统称"西涧派"或"大通门派"，为日本禅宗二十四流派之一。云外云岫禅师撰有《大通禅师西涧士昙行实》。

无学祖元（1226—1286）：鄞县许氏子，7岁就塾，13岁随伯父冲廉到杭州的净慈寺，从北磵居简剃度。5年后往径山，嗣法于无准师范。无准示寂后，祖元历参灵隐、天童、育王诸山的石溪心月、偃溪广闻、虚堂智愚等高僧。南宋景定四年（1263），应鄞县县令罗季勉之请，住持东湖大白云庵（东钱湖白云寺）。咸淳五年（1269），受太傅贾似道之请，住台州真如寺。景炎二年（1277），任天童寺堂前首座。元祥兴二年（1279）五月东渡扶桑，受到北条时宗尊崇，住持建长寺。弘安五年（1282）十一月，任圆觉寺开山住持。弘安九年（1286）圆寂，幕府追谥其为"佛光国师"，光严天皇又追号"圆满常照禅师"。

镜堂觉圆（1245—1306）：四川人，宋诗人白玉蝉后裔，天童环溪唯一法嗣。祥兴二年（1279），与梵光一镜同随无学祖元东渡日本。历住禅圣、净智、圆觉、建长、建仁等寺，弘法利生，禅风卓著。德治元年（1306）九月二十六日示寂，谥号"大圆禅师"。

大休正念（1215—1289）：嘉定八年（1215）出生于永嘉郡（今温州），出家后在天童寺驻锡。咸淳五年（1269）受幕府将军北条时赖招请赴日，住建长寺、圆觉寺、寿福寺等，创建大庆寺，传播禅宗与文学，推动日本刊印业发展。如今，大休所书的6件墨迹被日本政府指定为重要文化瑰宝。

天童茗茶风行日本

鄞州是我国最早的原始茶产地之一。西汉时，四明山中有大茗，时以鲜叶晒干成茶，即有绿色珍珠之称。

自唐中叶起，得益于经济繁荣、文化昌盛及温暖湿润的气候条件，经茶圣陆羽倡导，茶叶成为人们喜好之饮品，浙东茶叶在当时已被列为贡物，饮誉海内，为中国最早的名茶之一。

唐宋时，明州饮茶之风盛行，正步入繁荣期的越窑青瓷被推崇为茶具之精粹，其类玉似冰、巧夺天工的特色，将茶文化的内涵演绎得尽善尽美。由于茶中含有氨茶碱，饮茶能排困解乏，提振精神，因此唐中叶以后茶被日趋兴盛的佛教禅宗吸纳，成为读经坐禅的上佳饮料。

据文献记载，当时明州为数甚众的佛教寺院，不但成为茶的主要消费场所，而且还成为茶道、茶艺的主要"倡导者"，并广泛吸纳于寺院仪规之中。

唐时，明州天童寺、阿育王寺、金峨寺等，俱为一时名寺，坐禅饮茶之风极盛。特别是天童寺，在中华茶禅文化的形成中起着举足轻重的作用。

天童寺背靠太白山，山广林密，常年云雾弥漫，最宜茶树生长。所产山茶名为"龙心茶"，亦名龙角山茶，北宋时已颇有名气。杭州西湖龙井茶驰名中外，但在"斗茶"中，唯明州太白"龙心茶"能与之比肩。

由于太白山上多产兰花，故太白山茶有幽兰之香。

天童禅寺"茶宴"盛行，有一套肃穆庄严的寺院茶礼。茶宴开始时，僧众团团围坐，主持僧按一定程序冲沏佛茶香茗，依次传递品尝。冲茶、加水、品饮等一切如仪进行，在袅袅的茶香氤氲中，参禅研理，观照自心。

天童寺的茶碾

与现代中国人用茶叶泡汤弃渣的喝法不同，宋代天童寺僧人饮茶的方法，称之为"抹茶法"，即要将茶叶蒸碾焙干，研制为"抹茶"，方可饮用。

"抹茶"两字最早出自陆羽的《茶经》，里面讲有抹茶，有散茶。民国《天童寺志》上面有一幅版画，上面画了天童寺有两个水碓，一个是上碓，一个是下碓。下碓专门磨五谷杂粮，上碓专门磨茶叶。上碓在天童寺西涧的山上，空气质量非常好，按照天童寺僧人的说法是，这个碓磨出的茶叶不串味，非常纯净。

明代，雪窦寺有一个大和尚叫无准师范，他收到天童寺首座送给他的一包茶叶后，写了一首偈言，其中就讲到太白山上的水碓"日夜轮转不歇"。

尤值一提的是，著名的禅林法语"吃茶去"，最早就是唐代天童寺住持咸启禅师提出来的。

翻开《天童寺志》《大藏经》或《五灯全书》，关于咸启禅师语录一共有6条，其中第一条就是"吃茶"。他的"吃茶"两个字，比著名的赵州高僧、赵州禅师"吃茶去"至少要早20年。

当时，有个伏龙禅师到天童寺来拜访咸启禅师。咸启禅师问："你从什么地方来？"伏龙禅师说："我从伏龙来。""伏龙"两个字，可以理解为心里潜伏的非佛教思想、非和谐思想。咸启禅师问："你伏得这龙吗？"两人禅风交际，伏龙说："不曾伏这畜生。"咸启禅师说："且坐吃茶。"意思就是你暂时坐一坐，我们一起来吃杯茶，一起来参透它。

金峨寺的开山祖师、著名高僧百丈怀海曾编纂《百丈清规》，其中把喝茶及其形式纳入佛门仪规中，成为中国佛教茶道的滥觞。《百丈清规》影响卓著，不仅将佛教茶道以佛事教仪的形式影响到中国各大寺院，而且还传播到海外。这为宁波"海上茶路"的形成、发展及远播奠定了坚实的物质和文化基础。

宋代，著名禅僧宏智正觉住持天童寺后，创立"默照禅"，茶与禅在更深层次上得到融合，逐渐上升到"茶道"的层面。

公元8到9世纪，日本遣唐使的到来，为宁波"海上茶叶之路"提供了历史机遇。唐贞元元年（785），日本高僧最澄经明州到中国天台山学法。据《日吉神道秘密记》载，唐永贞元年（805），师满返国的最澄将茶籽从明州带回，种在日吉神社一隅，这是日本最古老的茶园，今京都比叡山的东麓还立有日吉茶园之碑，周边仍生长着不少茶树。

饮茶之风最先盛行于日本的上层贵族社会，最澄等与嵯峨天皇共饮佳茗的情景，在日本古代的汉诗集中多有记载，这是我国茶种传播海外的最早记载。

而将一整套禅宗茶道仪规传入日本，并普及于社会公众的，则是宋代的日僧荣西。

荣西2次来中国，不仅从天童寺学到了中国佛教文化，还切身体验到中国僧人吃茶的风俗和茶的效用，于是回国时带回了天童山的茶种和饮茶方法。

荣西一回到日本，便在下榻的九州平户岛的富春院撒下了从天童山带回的茶籽。至今那里仍留有一小块茶园,竖有一块石碑,上写"荣西禅师遗迹之茶园"。又在离平户不远的背振山灵仙寺播种植茶,至今其废墟旁仍留有茶园和写有"日本最初之茶树栽培地"的石碑。

荣西还送给京都拇尾高山寺明惠上人5粒茶籽,明惠将它们种植在寺旁。没料想,那里土壤湿润,非常利于茶树的生长,所产的茶味道纯正,为日本国人珍重,日本人就把拇尾高山茶称为"本茶",而将其他的茶称为"非茶"。

因为荣西精通中文,对中国茶祖陆羽的《茶经》颇有研究,所以,当他回国后,还参照陆羽的《茶经》,用汉语和日语两种文字,写成了上下两卷本的《吃茶养生记》,共5500余字。这是日本第一部茶书。

日本建仁寺里的茶碑

这部书在日本的风靡，与源实朝将军的一次醉酒有关。

据日本历史古籍《吾妻镜》记载，日历建保二年（1214）二月，源实朝在一次酒宴上饮酒过量，竟昏睡两日不见醒来。下人们遍寻名医高僧，为将军日夜祈福而不见效，心中十分焦急。

荣西听到这个消息，立即派人给将军送去一碗茶，称茶为良药，劝其饮茶，以代替祈祷。将军喝了之后，精神立刻好了起来，大呼神药。

在今天看来，这显然是茶中所含咖啡因和茶多酚起到了醒酒的作用，但在当时，无疑被看作是一种奇迹。

将军酒醒之后，荣西趁机向他献上了《赞誉茶德之书》，也就是《吃茶养生记》的第二稿，源实朝大为赞赏，由此更为推崇荣西的禅宗和茶禅之法。

上行下效，渐渐地，这本《吃茶养生记》就在官方和民间广为流传开来。

《吃茶养生记》分为6个部分，分别是：茶名，茶叶、茶树的形状，茶的功效，采茶的时间，采茶的方法，茶的调制方法。由于荣西多在江浙一带习禅，故而书中提及的茶大多源于当时江浙地区多见的蒸制的绿茶。这也为日本茶文化打上了来自大洋彼岸的深深印记。

在书中，荣西详细介绍了茶的功能、种类，茶具，以及采茶、制茶、点茶的方法，他在开篇中写道：

> 茶也，养生之仙药，延龄之妙术也。山谷生之，其地神灵也；人伦采之，其人长命也。天竺、唐土同贵重之，我朝日本曾嗜爱矣。古今奇特仙药也，不可不摘乎！

荣西提倡饮茶的动机，主要是为了养生、延寿和修禅。他指出修禅有三大障碍，首先就是瞌睡，而饮茶恰有"散蒙醒睡"的作用，有益于坐禅，因此，饮茶风气先是在禅僧中盛行，然后才普及到世俗社会中去。

自从荣西等日本禅僧把茶叶和优质茶种从中国带回日本之后，茶这种饮料就在日本生根发芽了，上自天皇、将军，下至庶民，都对中国的茶叶极为推崇。

由于在茶文化方面所作的杰出贡献，荣西被尊称为日本茶祖。

而荣西的再传弟子、日本曹洞宗开山祖师道元也被推崇为中国佛教茶道的传播者。道元于1223年入宋求法，拜天童寺如净禅师为师，2年后回国创立日本曹洞宗。道元根据《百丈清规》而制定《永平清规》，从而把南宋佛教禅茶进一步推广到日本。

与此同时，1259年，入宋求法的另一位日僧南浦绍明，曾求教于余杭径山寺高僧虚堂智愚（曾住持明州阿育王寺）门下。南浦绍明回国时，虚堂禅师向他赠送了一套台子式茶具，还带回7部茶典。南浦绍明在日本大力传播《百丈清规》及佛教禅茶。而虚堂智愚的书法作品一直被日本茶界奉为神品，展示于茶室之中，让后人顶礼膜拜。

此外，一批到日本弘法的中国高僧如天童寺兰溪道隆、无学祖元等，对中国茶的普及更是身体力行，功不可没。

今天，有500年历史的日本茶道迎来了空前繁荣。据统计，经常参加茶道活动的人有500万之多，茶室、茶庭遍及日本各地，茶事、茶会已成为各种文化活动中的主要项目之一，千姿百态的茶道已成为日本美的象征，有关茶道文化的电影、电视片、美术展、著述比比皆是。这一切，都和中日佛教文化交流相关，和天童寺与浙东的禅宗文化有关。

值得一提的是，唐宋以来，在明州与日本、高丽等东亚各国的对外贸易中，茶叶始终是大宗商品，占有重要地位。

加藤四郎东吴学艺

作为日本陶瓷的代名词，加藤四郎（加藤景正）这个名字在日本的陶瓷界、艺术界中无人不晓，后世把加藤尊为陶祖，还在其创建的濑户窑址修建了10座纪念碑。日本学者木宫泰彦称他"为日本制陶技术开辟了新纪元"。

当时日本茶风渐盛，然而沏茶之器甚缺，尽管经宋、日商人传入很多中国的茶碗，但这种深受日本人青睐的黑釉茶具，远远满足不了饮茶之需。于是诸窑争相仿制宋瓷，生产茶碗。但仿制并不是一件容易的事，加藤四郎的父亲就苦于屡烧不佳。这样，加藤四郎从小便立志渡海寻源求师。南宋嘉定十六年（1223）三月，他作为入宋求法的道元禅师的侍从,与道元一起,自博多港出发,在中国的明州登陆。

加藤四郎究竟在中国何地学习的制窑技术,学术界一直难以定论。

1903年编的《日本陶瓷器史论》一书认为,加藤四郎学制陶技艺是在建州,即福建建安。该书又称,加藤四郎在福建建安天目山学陶法。而天目山在浙西临安境内。很显然,此书记载有误。

濑户天目陶瓷研究家第九代传人长江秀利曾撰文《濑户天目陶瓷》,他提出,加藤四郎在中国福建建窑学艺无从考证,认为"濑户天目"是仿中国的"灰被天目","濑户菊花天目"则仿自吉州窑⋯⋯

1996年,关于加藤四郎"在福建学习建窑、天目窑"的说法在媒体发表后,引起日本学者村上博优的关注。

村上博优出生于1925年,1948年毕业于日本驹泽大学哲学系,早年研究哲学,后专攻中日佛教文化史。在他心里,中国古代文化是日本文化之源。"没有中国文化,日本文化就不敢大声说话。"为此,他先后花了8年多的时间,对浙东、浙西的古窑址进行了详加考察。

村上博优认为,加藤四郎随道元禅师来天童山求法,在浙东生活共5年,除去巡行浙西、浙南半年多外,基本上都挂锡于天童寺。他们没有到过福建、江西和龙泉。加藤四郎作为道元的侍从,需要照顾在天童寺求法的道元禅师的生活。天童寺附近有大量的

第六章 海丝风起

村上博优先生考察东吴越窑

宋窑,加藤四郎学习制陶技艺,没必要舍近求远,何况当时交通很不方便。

考古发现,天童寺的东面和南面,近5到15公里范围内分布着10多处越窑遗址。

阿育王寺旁的宝幢同谷一带,曾是2000多年前古鄮县的治所。这里古窑成群,从这里走水路可直达宁波,便于陶瓷装载外运。

位于小白河头到阿育王寺之间的沙堰村小干岭窑,在1962年的考古中发现古青瓷窑堆积层达1.6米,产品有碗、壶、杯、罐、钵等,施灰黄或青釉,有的十分精巧。

靠近阿育王寺的横山村屋后山、横省岙河头湾,也有越窑执

179

壶及饰水草莲花等精巧图案的青瓷粉盒出土。

东钱湖及周边一带窑址达30余处。谷童岙、玉缸山和老鼠山均有早期窑场。东钱湖前堰头、上水、下水、韩岭及东吴南村、平窑等村都密布窑址，有的还含黑釉，而宋代窑占七成以上，是典型的越窑青瓷产区。

《宋会要辑稿》记载，开宝九年（976），明州贡瓷11000件。东钱湖越窑是浙江四大青瓷窑址群之一。1981年由国家文物局和故宫博物院联合举办的"中国古窑址瓷片展览"，先后2次在香港和日本展出这里出土的瓷片。

东吴南村出土的越窑瓷片

1984 年日本出版的《陶瓷的东西交流》一书记载：非州遗址发现中国越窑图鉴中，不少器物与东钱湖窑场郭家峙、窑棚及东吴窑址产品完全一致。

　　台湾武陵出版社出版的《中国陶艺鉴赏》及日本常石英明著的《日本陶器的鉴定与观赏》这两本书中还提到，加藤四郎曾经在一个叫"瓶窑"的地方学习制陶技术。

　　村上博优发现，这个"瓶窑"窑址，就位于今天东吴镇平塘村平窑自然村，距天童寺约 10 公里。

　　平窑村，祖先都以烧窑为业，村以窑名，历史上称为瓶窑，1949 年后简化称平窑。目前，平窑自然村内保存着两处宋代窑址。

　　一处是瓶窑窑址，位于村西北侧，出土物多为宋代韩瓶器物。窑址东西宽约 80 米，南北长 50 米，以生产瓶、罐、甑等生活器皿为主，整个遗址外观呈小山包状，山坡处堆积层裸露，距表层土约 0.4 米处可见碎片堆积，堆积层深达 3 米左右。该窑址对研究宋代韩瓶烧制历史有着重要的研究价值。

　　另一处为东庵窑址，位于村北部，南北宽约 50 米，东西长约 80 米，占地面积约 4000 平方米，以产缸、瓶、罐等陶制生活器皿为主，整个遗址堆积层高达 1 米左右。

　　另外，在距平塘村约 3 公里的东吴镇南村花园山古坟潭山坡下有古坟潭窑址。该窑址东西长 160 米，南北宽 30 米，占地面积约 420 平方米。瓷片堆积层厚达 10 余米。从已暴露的器物看，主要有各类碗、粉盒、罐、钵、盏以及各种器盖等。胎质灰白，釉色青灰，纹饰为印花或划花的水草、荷花等。窑具有匣钵、喇叭口垫座以及大小垫圈等。据这些器物的时代特征分析，该窑为五代至北宋时期窑。

2004年3月，获悉与平塘村毗邻的五乡沙堰村北明堂岙发现了一处南宋陶瓷窑址，村上博优又专程赶来求证。

经过8年的专题研究和严谨的考证，村上博优写下了《陶祖加藤景正之考察》一书，提出了"日本名窑'濑户烧'自中国明州传入"的崭新观点，引起中日文化界的高度关注。

陶祖加藤制陶图

濑户制陶工图

传奇工匠陈和卿

在中国文化东传日本的过程中，有一位宁波工匠，永远铭刻在了日本人民的心里，在中日两国佛教文化交流史上绽放着奇异的光彩。

这位工匠的名字叫陈和卿。

日本古都奈良，有一座规模宏大的寺院——东大寺。它始建于公元8世纪中叶，当时正值中国的唐朝时期，日本圣武天皇和光明皇后决定仿隋、唐官寺之制，建立一国一寺制度。当时日本分60余国，就建立了60余寺，通称国分寺。作为全国精神统治的中心，集倾国之力，在平城京即奈良东郊建立了总国分寺，俗称东大寺。

日本人称东大寺为"日本第一""世界第一"，作为古代日本国的象征，有"东寺之兴也天下之兴，东寺之衰也天下之衰"的谚语。

唐朝高僧鉴真东渡日本后，曾在东大寺大佛殿为日本僧人授戒说法。

遗憾的是，这座宏伟壮丽的大寺、大佛及大殿，于430年后的公元1180年，在源氏和平氏两大武士集团的纷争中全部毁于兵火。日本举国上下无不为之痛惜。

东大寺大火的第二年，治承五年（1181）六月，日本朝廷颁布诏书复建东大寺。为了筹措资金，又降旨任命醍醐寺60岁的僧人重源为以天皇名义向全国劝缘募化的"大劝进"。

重源（1121—1206），号俊乘房，俗名刑部左卫门尉重定。初于日本京都醍醐寺学习真言宗，后随法然上人学习净土教，成了镰仓初期净土宗的著名僧人。

南宋乾道三年（1167）至淳熙三年（1176），也就是重源46岁至55岁期间，他曾3次入宋，遍游以国清寺为首的天台山诸寺，并从日本购来巨木，助建明州阿育王寺舍利殿。这期间，他结识了宁波工匠陈和卿。

陈和卿是著名的建筑师，天童寺、阿育王寺等许多著名的建筑，就是在他的主持下完成的。

由于得到了掌握天下实权的大将军源赖朝的全力支持，东大寺的重建资金很快筹措成功。治承五年（1181）十月，工程正式开工。据《东大寺续要录·造佛篇》记载，十月六日开始大佛螺发铸造，但不久就遇到困难进行不下去了，复建工程只得暂停。而到了第二年的七月二十三日，就有宋人铸师立于大佛前共议大佛铸造之事的记录了。

这些宋人铸师，就是陈和卿和他率领的 6 名明州工匠。

据《东大寺续要录》记载，陈和卿是为经商去日本的。曾任日本摄政大臣的九条兼实（1149—1207）也在当时的日记中写道："宋人铸师陈和卿数年间来往于我国，今年与弟陈佛寿共至镇西（今九州），正欲归宋之时，船体尽破，归去不得，乃留日本。"

重源得知陈和卿就在日本，毅然决定借助实力浓厚的中国技术渡过难关。他亲赴九州，说服老朋友陈和卿留下来帮忙。陈和卿为其诚意所感动，表示一定全力相助。

从相关文献记载看，寿永元年（1182）七月，陈和卿和他邀请的伊行末等 7 位明州工匠均已抵达日本，但这中间陈和卿是否回过国不得而知。整个施工团队有宋人铸物师 7 人，再加上日本人草部是助、是弘、助延等 14 人，共 21 人。经过细致周密的筹备，于寿永二年（1183）二月动工铸造大佛的右手，四月开始铸头部，五月全部铸完，六月一日开始打磨加工，第二年正月左手铸完，至元历二年（1185）八月二十八日举行开光供养，大佛的铸造工程圆满完成。

接着，重源和陈和卿又投入到大佛殿的复建工作中。文治二年（1186），日本朝廷将大佛殿的木材供应交由周防国（今山口县东南部）落实，陈和卿带着物部为里、樱岛国宗等日本工程技术人员，很快就在周防的深山老林里找到了长达40余米的巨木。树木砍伐下来后，陈和卿借用周防鲭川之水，将巨木放排至防府三田尻，入濑户内海，经长途浮海，自大阪湾淀川溯流直上，经木津川运至木津登陆，浮海东运上千公里，并于陆上筑堤引流，使木排浮起通过。每天，自木津至奈良6公里的道路上，负责搬运的都是镰仓幕府著名武士佐佐木高纲的家丁，一次拖拉就动用120匹牛，场面极其壮观。

文治三年（1187）十月，巨木全部运抵奈良。建久元年（1190）七月二十七日，大佛殿开始立柱，十月十九日举行上梁仪式。建久六年（1195）隆重举行开光供养。后鸟羽天皇、大将军源赖朝及夫人、幼君等出席了仪式。

陈和卿作为"总大工"，从铸造大佛，采运巨木，到主持修建大佛殿、回廊、中门、南大门等佛寺建筑，从规划、设计到具体的估工、算料、施工，均亲力亲为。他指挥中日两国工匠，耗时20年，终于在公元1203年完成了宏伟的东大寺主体工程。

日本东大寺

他把中国江南地区一种被称为"天竺样"的建筑样式引入日本。这种样式的一个显著特点是,在屋顶"梁"的部位加了很多横梁,然后把这些横梁跟立柱拼到一起,来加固整个屋宇的承重力。这种高超的建筑技术迄今仍为日本人沿用,日本美术史称其为"大佛样"。

如今,东大寺已成了日本国宝、世界文化遗产、著名的旅游胜地,而这些宁波工匠的名字,也成了向世界展示"宁波制造"荣耀魅力的亮丽名片。

南宋明州《五百罗汉图》

2018年7月,中国文物海外遗珍回归项目——南宋明州周季常、林庭圭绘《五百罗汉图》复制工程成果展在天童寺、月湖美术馆等地举行。

作为目前世界上发现现存数量最多、阵容最大、制作最精美的宋代宁波地区佛教题材作品，《五百罗汉图》一共100幅作品，是由南宋明州车轿街的佛像画师周季常、林庭圭用10年时间绘制的，最初被供奉在东钱湖惠安院内。

《五百罗汉图》均为绢本，均通长约110厘米、宽约53厘米。百幅作品分别讲述了罗汉的种种故事，包含了佛教诸多教义和僧人生活情境，有罗汉结集论事的故事，有佛、道斗法的情境，有寺观僧人日常生活状貌，也有长途跋涉稍作休憩的游行僧形象。内容有涉水渡海、行走空中、观舍利光、现观世音等，不一而足，体现了南宋时期佛教信仰的一般情况，人物众多，情节复杂，完全是当时世俗社会的变相概括。

周季常、林庭圭本为宁波地区的民间佛像画家，生卒年不详，

《五百罗汉图·劝进五百罗汉》

约活动于公元 1178 至 1200 年间，大致在孝宗、光宗、宁宗年间，此时，宋金大规模的军事对抗已经结束，南宋社会、经济、文化处于相对稳定状态，并逐渐繁荣起来，绘画也在这一时期有了巨大发展，除宫廷画院外，民间亦有相当数量的画家群体存在。为适应社会的需求，专门的画铺亦开始出现，除作寺观壁画外，多流行挂轴画，以满足于寺观和百姓家做功德时使用。

南宋年间，宁波与日本、韩国等建立了海上丝绸之路贸易往来，因日本僧人在天童寺求法的真诚之心感动了东钱湖惠安院住持义绍，住持以"大千世界佛日同辉"为主旨，将《五百罗汉图》施赠给了日本求法僧。

据日本原有寺传记载，这 100 幅《五百罗汉图》先是保藏在日本镰仓寿福寺，后相继为北条氏、丰臣秀吉所得，最后进入京都大德寺，途中有 6 幅遗失，日本僧人木村德应在 1638 年补齐作品。1895 年，日本明治政府特许大德寺为修缮寺院，转让其中 10 幅给美国波士顿美术馆，2 幅给华盛顿弗利尔美术馆，成为这两馆入藏的两宋绘画珍品。

"天童首座"雪舟等杨

公元 1467 年，明宪宗成化三年，三月的一个吹着东南风的晴朗日子，一位肩背行囊的中年僧人急促地行走在通往天童寺的古道上。这位僧人名叫雪舟等杨，来自日本。

在中国海上丝绸之路历史上,因为地理位置的便捷,宁波自然而然地成为日本佛教文化、建筑文化、书画艺术的源泉与圣地。而作为这一祖庭圣地象征的天童寺,从宋代到明代,一直都是日本各界人士向往的"留学"之地。

雪舟等杨,俗姓小田,1420年出生在日本备中的赤滨(今冈山县总社市)。因为见到了元朝僧人楚石梵琦的墨迹"雪舟"两字,感到雪地之舟的意境与自己内心的追求十分契合,从此便以雪舟作为自己的号,并以此在作品上署名。

雪舟画像

雪舟出身于下级武士家庭,12岁就到当地的宝福寺出家。他的绘画天资受到师父赞赏,师父鼓励他到京都相国寺修行。他在相国寺拜春林周藤为师,学习禅宗,又向正好在相国寺任都司的著名画僧天章周文学习水墨山水画。

日本室町幕府时代,禅宗画僧如拙及其弟子周文等,都力图把中国宋元时期流行的水墨山水人物画法介绍到日本,并与日本绘画融合起来。雪舟得到周文的指点,水墨画技法和绘画水平提高很快。周文去世后,他一度去镰仓的建长寺,跟随玉隐永屿禅师,一边修禅,一边习画。

1463年，雪舟接受了与明朝通商贸易而致富的大名（诸侯）大内氏的邀请，前往他的领地本州西部的周防国（今山口县），希望有机会从这里出发，到大明国去，向明朝的画家们学画。

那时，日本室町幕府与明朝政府之间开展由官方垄断的中日勘合贸易。1467年，室町幕府的遣明使在编组赴中国贸易船队时，由于财力不足，便决定第三号船由大内氏经营。雪舟和禅僧桂庵玄树等因此得以大内氏从僧的身份，搭乘该船去中国。当时，雪舟47岁，当他航行在海上，遥望西方，想到自己多年的宿愿即将实现时，不禁心潮澎湃。

来到宁波的雪舟，终于见到了他日思夜想的天童寺。他在这里住了下来，开始了他在大明的游学生涯。

雪舟在天童寺住了1年多，并在这里得到了"天童寺禅班第一座"，也就是"禅堂首座"的名誉，这是天童寺第72代住持无传嗣禅师赠予他的称号。

但雪舟并未参与首座的工作，而是将浙东的山川当成绘画的老师，一边游历宁波众多著名的寺院，一边将宁波的山山水水一一纳入自己的画中。

1年后，雪舟接到了朝廷准许他入京的诏书。于是，在炎热的八月，雪舟沿着运河一路北上，最终在已经飘雪的十一月抵达北京。

根据记载，当时的遣明使大概有100位左右，但有条件到北京去见皇帝的只有二十几个人。

在北京，雪舟除了参加遣明使团的一些礼仪性活动，主要就是访师会友，学禅作画。在明朝的画院里面，他跟两位著名的画家学画，一位叫张有声，一位叫李在，这两位画家在中国明代绘画史上属于浙江派画家。

此时，雪舟的水墨画已经达到了相当高超的境界，气势宏伟，而又笔法细腻，画艺之精湛，令当时中国的画家们也为之惊叹。明朝的皇帝和大臣们也十分欣赏雪舟的画，明宪宗曾赞扬他的画是国之奇宝，以至下令若非有诏，不可随便作画。

不久，明宪宗正式赐封雪舟为"天童第一座"。从此，雪舟便把这封号题在得意的画作之上。

雪舟的视野不仅仅局限于当时中国的画坛，他一面参悟佛法，一面深入探究水墨画的精义。源远流长的中华文化传统和雄伟壮观的中国山水，深刻地影响了他的哲学观和自然观。他和许多中国文人、画家、僧侣结下了深厚友谊。

在明期间，雪舟曾作《富士三保清见三绝景图》，描绘了白雪皑皑的富士山和日本传说中天女下凡的胜地三保松原。中国诗人詹僖特地为该画题诗，其中最后四句写道：

名刹云连清建古，虚堂尘远老禅西。
乘风吾欲东游去，特到松原窃羽衣。

1469年，雪舟随遣明使离开北京踏上归国之途。在南下路上，他以沿途所见的风景为素材，创作了《归路真景图》《扬子江图卷》等许多写生山水画。在明州将要登船临别时，他的好友进士徐琏前来送行，并作《送雪舟归国诗》，表达依依惜别之情。

家住蓬莱弱水湾，丰姿潇洒出尘寰。
久闻词赋超方外，剩有丹青落世间。
鹫岭千层飞锡去，鲸波万里踏杯还。
悬知别后相思处，月在中天云在山。

雪舟回到日本后，创作了大量的水墨山水画，成为日本汉画发展史上从"师古人"到"师自然"的巨匠。而遥远的天童寺，与记忆里的层峦叠嶂成为雪舟后半生画作里反复出现的影像。宁波春夏秋冬四季的景色，以及三江口的风帆、育王山的古塔、东渡门的码头、四明山的飞瀑、奉化妙高台的奇峰、千丈岩的悬崖

雪舟《宁波府城图》

等,在他的画中"尽收眼底"。至今,与宁波最有关系的两幅画,一幅是《四季山水长卷》,一幅是《宁波府城图》,一直都作为宁波的标志性地理建筑画用于对外宣传。

在日本国内,雪舟被尊崇为"千古之一人""古今之画圣"。他的《四季山水图》《天桥立图》《泼墨山水图》《秋冬山水图》等,都被日本政府作为国宝加以珍藏。

1506年,86岁高龄的雪舟死于"应仁之乱"的日本战国乱世。

雪舟的最后归宿在日本益田市,益田市现在成为宁波市的友好城市,也是缘于雪舟等杨与宁波之缘。

益田市有雪舟林园,里面有个雪舟的铜像,根据雪舟的遗嘱,铜像眼睛所看的方向,就是宁波的天童寺。

1956年,在维也纳召开的世界和平理事会选出世界十大文化名人,雪舟作为中日文化交流和日本一代画派的宗师,被选为世界┃人文化名人之一。当年,我国也举行了雪舟的纪念会、展

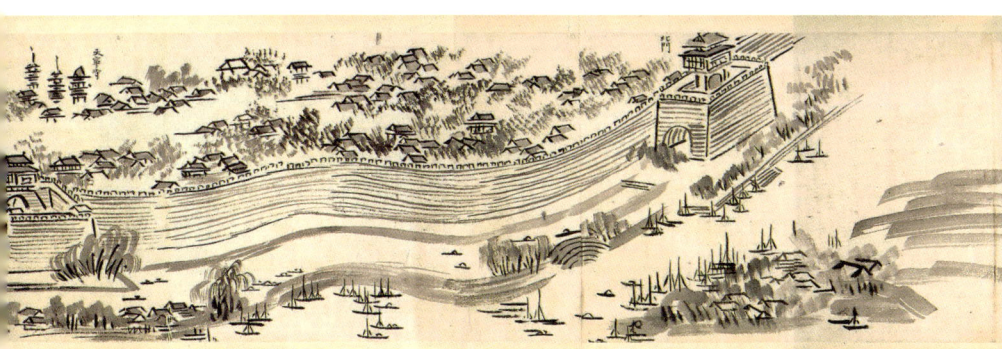

览会,出版了他的画册,并邀请日本画家代表团访华,成为当代中日文化交流史上一大盛事。

圆瑛七下南洋

饱含家国情怀和传统美德的爱国精神,是宋韵精神内核的赓续。面对国难当头,宋人如何抗争?文官不爱财,武将不怕死。从岳飞到陆游、辛弃疾、文天祥,从宋代的民众、士人到征战沙场的将士,他们为天地立心,为生民立命,为往圣继绝学,为万世开太平,用脊梁撑起一个时代。他们的这种为道义为理想大义勇于担当、敢于牺牲的凛然气节,穿越历史,辉映未来。

1931年9月18日,日本悍然发动了侵华战争,"九一八"事变爆发。以天童寺圆瑛法师等为代表的中国高僧,心存"天下兴亡,匹夫有责"的民族情怀,积极投身抗日洪流,谱写了一幕幕可歌可泣的感人故事。

圆瑛法师,天童寺第164代住持,他是中国近代爱国高僧,新中国成立前,曾蝉联七届中国佛教会会长、理事长。1949年后,他又被推选为新中

1952年,赵朴初(右一)与圆瑛法师(前坐者)、明旸法师的合影

国佛教协会第一任会长。

他被媒体誉为"英勇僧侣"。抗战期间，他组建僧侣救护队，深入前线，救死扶伤，护送难民。

他一生七下南洋，布道十国。不仅把中国的佛教文化播向海外，还为抗日救国募集了大量资金、药品和医疗器械。

他是佛门一代宗师，他的精神通过他的弟子赵朴初居士、明旸法师等，影响了中国佛教界近百年。

一

2017年6月的一天，鄞州区东吴镇童一村一座正在拓宽的桥下，发现了数量不少的石刻，其中一块石碑上刻有《天童寺舍利塔记》。

鄞州区文管办的工作人员获知信息后马上赶到现场。经过勘察，桥两侧桥墩基石中有10多块石刻，其中一块完整的碑刻，正是圆瑛法师的《天童寺舍利塔记》。

鄞州区文管办专家现场勘察后发现，这些石碑保存基本完好，石质为梅园石，纵约60厘米，横约152厘米，共刻有文字32列，全文行楷，字迹清俊而遒劲，点画多姿，字体妍美。

碑文记载了天童寺舍利宝塔兴建始末：1926年，圆瑛法师远涉重洋，到南洋群岛讲经弘法，并开办慈儿院，筹募教养基金。恰逢马来西亚槟城极乐寺本忠老和尚为供奉十八舍利建造宝塔，"尚余三颗，持赠于余，欣然拜受"。

1930年,圆瑛法师当选为宁波天童寺住持后,在浙江吴兴(今湖州)一位信徒的捐资下建造了舍利宝塔,并亲自撰写了《天童寺舍利塔记》一文,此文后被收于《圆瑛大师文集杂记》,但原碑一直不见踪迹,如今终于重现于世,成为宁波天童寺与东南亚国家佛教交流史上的又一实物例证。

二

圆瑛法师出生于1878年,法号宏悟,别号韬光,又号一吼堂主人,福建古田县人,19岁出家修行。1929年与好友太虚法师等共同发起成立中国佛教会,并连续七届当选会长、理事长,成为中国佛教界的领袖人物。

1931年"九一八"事变爆发,日本侵略者出兵强占我国东北三省。目睹大量流亡到关内无家可归、颠沛流离的关外同胞,耳闻日本侵略军在东北的种种暴行,圆瑛法师流泪写下了这样的诗句和对联:"爱国犹垂忧国泪,感时深抱救时心。""出世犹垂忧国泪,居山恒作感时诗。"

太虚法师

他以中国佛教会会长的身份,代表中国佛教会致函日本佛教组织,揭露日军占我河山的罪行。他在信中说:"贵国号称信奉佛教,则对国际间,应实施慈悲平等主义,而造成东亚和世界之和平。"他呼吁日本佛教徒以慈悲救世之心，唤醒本国民众，制止日本军国主义的侵华暴行，即日撤退，以"免丧两国之邦交，免遭各国之公愤，免坏东亚及世界之和平"。

随后，他又通告全国各寺庙、各佛教团体，建立护国息灾法会，为和平祈祷，号召全国佛教徒奋起抗暴卫国，为抗日将士捐款。

但圆瑛的各种努力并没能阻挡住战争的步伐，1937年卢沟桥事变后，抗日战争全面爆发。

国难面前，圆瑛主持召开中国佛教会常务理事紧急会议，决定成立中国佛教会灾区救护团，他亲任团长，并紧急通知宁波、南京、上海等地寺庙，各派出200多名年轻僧众，到上海玉佛寺报到，相继成立了京（南京）沪、汉口、宁波3个僧侣救护队。

不久，上海"八一三"抗战爆发，当地驻军奋起抗击，经过短暂培训的僧侣救护队迅即开赴吴淞前线。

在3个多月的战争期间，这群和尚救护兵英勇地穿梭在枪林弹雨中，不分昼夜，救死扶伤，护送难民。在战火中，他们有的献出了宝贵的生命，有的被敌人炮弹炸伤，终身残疾。

与此同时，圆瑛领导的佛教会在上海常德路觉园内成立了难民收容所，之后收容所增加至8处，收容难民3000多人，供给饮食医药。

由于难民实在太多，圆瑛又在他的圆明讲堂内成立了第九难民收容所，由白圣法师任主任，明旸法师任总务。

据上海慈善团体救灾会报告书记载：上海僧侣救护队在淞沪

会战中，共救治伤兵及租界难民 8273 人。

激战后阵亡的中国士兵和罹难的难民遗骸，日军不准收埋。圆瑛又发起组织掩埋队，由玉佛寺、法藏寺、清凉寺、国恩寺、关帝庙、报本堂等寺庙的僧众和香工组成，圆瑛亲任总队长。每天用 4 辆汽车，送到郊外掩埋。昼夜不停，3 个多月时间总计掩埋尸体 1 万多具。

10 月下旬，上海整个南市一带地区，全被敌军占领。圆瑛率救护队撤至南京，继而撤到汉口，驻扎在九莲寺内，负责大智门、循永门两个火车站的担架工作和市区空袭救护工作，受到武汉社会各界的颂扬。其间，救护队有 10 名队员在分队长万泉的率领下奔向延安。

三

战争旷日持久，救护队经费无着，难以为继。时任国民政府主席的林森希望圆瑛利用自己的影响力，到南洋募化救护队经费。1937 年 11 月，圆瑛带着弟子明旸踏上了去南洋宣传抗日、为救国募捐的旅程。

在新加坡，他们受到了福建同乡、著名爱国侨领陈嘉庚先生的欢迎和帮助。在侨界的协调下，圆瑛成功主持了祈祷世界和平息灾法会和多场专题演讲。当地华文新闻界《星洲日报》《光华日报》《星槟日报》纷纷赞扬圆瑛师徒的爱国义举，刊登他们提供的国内战况，包括佛教界参加救护工作的图片和报道。不久，中国佛教救护团新加坡募捐委员会和新加坡华侨抗日救国筹赈会成立，在募集资金、药品和医疗器械方面取得丰硕成果。

在马来西亚，圆瑛受到著名侨绅胡文虎、胡文豹兄弟及其他侨商的大力支持。他们多次应邀到吉隆坡大会堂演讲。由于南洋侨胞的热情支持，各地华报的鼎力宣传，圆瑛师徒首赴南洋募捐获得圆满成功。这期间，圆瑛法师还于1939年3月28日，当选有"南洋首刹"之称的马来西亚槟城极乐寺住持。

战火不息，战事更急，慈善救国仍在进行中。1939年6月，应中国佛教会之请，圆瑛大师和明旸带着募得的款物及药品回到中国。随即，他又马不停蹄巡查各救护点、收容所、掩埋队及佛教医院。

圆瑛看到，自己从南洋募得的资金可谓杯水车薪，救护队的资金和物资仍然严重不足，于是他决定再赴南洋求助。

1938年9月至1939年6月底，年过花甲的圆瑛带着徒弟明旸搭乘意大利佛力士罗素号游船，第二次赶往南洋诸国，向各地侨胞报告国内救护机构情形。

圆瑛第一次南洋募捐主要依靠商会和佛门僧侣，这一次，他们总结初次的经验，不仅收集整理了更多便于直观宣传的图片、数据、新闻报道等资料，而且扩大募捐范围，创新性提出发起了"一元钱救国难运动"。

这一招果然灵。他们在南洋的日子里，由于故地重游，到处都是熟人熟面，再加上"一元钱救国"元素的注入，募捐活动收到了"滚雪球"的效果。

在菲律宾马尼拉,圆瑛受到了信愿寺住持性愿老法师的热情接待。圆瑛和性愿是福建同乡,曾一同在宁波天童寺学习佛法。此时,性愿已从海外朋友处得到消息,说圆瑛在南洋募捐救国,新闻媒体作了大量宣传,已被日军盯上,回国必有风险,他劝圆瑛留在马尼拉。但圆瑛心中很坦荡,仍然按计划弘法、募捐、回国。

1939年8月,一个叫藤井草宣的日本和尚来到圆瑛所在的上海圆明讲堂,脸上堆满笑容,要请圆瑛出任中日佛教会会长一职。

圆瑛明白,日本人想利用自己,控制中国佛教界,进而控制中国民众。他严词拒绝了这位不速之客的"好意"。

软的不行,侵略者终于露出了狰狞面目。1939年10月19日上午10时整,7辆日本军车呼啸开来,将圆明讲堂团团包围,数十名持枪的日本兵闯进来,强行对讲堂进行一番搜查,不容分说将师徒二人锁上手铐,押上军车扬尘而去。

在上海北四川路的日本宪兵队司令部里,日本宪兵企图通过刑讯威逼圆瑛师徒承认抗日有罪。整个夜里,师徒俩被拳打脚踢,几次昏死过去。第二天一早,师徒俩被押上特别军用火车,来到南京日本宪兵司令部监狱。

有了在上海被刑讯的经历,圆瑛大师知道与侵略者无理可辩。因此以绝食为手段,与日寇展开斗争。

圆瑛师徒俩被日军非法羁押,在海内外引起公愤。上海各大报纸都在显要位置刊登了事件发生的经过,佛教界和社会名流纷纷发表谈话,谴责日军的野蛮行径。中国佛教会召开紧急会议,发表声明。在社会强大的舆论压力下,日寇不得不于11月10日将圆瑛大师和明旸法师同时释放。

出狱后,圆瑛大师不改初衷,致函福州鼓山涌泉寺,辞去方丈之职,走上了义无反顾的抗日之路。

四

圆瑛一生7次远渡南洋,布道新加坡、菲律宾、缅甸、印度、马来西亚、锡兰(今斯里兰卡)、泰国等10国,把由印度传入中国并与中国儒、道长期融合的中国化佛教文化推向海外,与华侨比较集中的东南亚各国的民族文化相融合,在海丝路上留下了璀璨的足迹。

他第一次远涉重洋是1907年7月,途经菲律宾、新加坡、槟榔屿、缅甸仰光而至印度。

第二次是1914年11月,先后在新加坡弘法,至槟榔屿讲经说法,途经暹罗(泰国)、锡兰,到达印度,最后于1915年9月经缅甸回国。

第三次是1922年10月,历时2年,先后到仰光、新加坡、槟榔屿、槟城,最后经台湾回大陆。

第四次是1926年4月至12月,为开元寺慈儿院募集基金。

第五次是1937年11月为抗日南洋筹款。其间,1938年3月28日,圆瑛当选为槟城极乐寺住持。

第六次是 1938 年 9 月至 1939 年 6 月，先后历时 1 年半，仍然是为抗日救国筹款。

第七次是 1948 年 1 月，此时，圆瑛已 71 岁高龄，仍不辞辛劳。

此外，圆瑛大师还有两次短暂出国。一次是 1929 年 9 月，出席朝鲜召开的东亚佛教大会；一次是 1931 年 2 月，专程赴新加坡工商学校讲演《佛法之精神》。

1952 年 9 月，我国政府在北京召开"亚太和平会议"。圆瑛作为中国代表团的佛教代表参会，在会上与各国佛教徒代表发表联合声明："制止侵略，保卫和平，是当前每一个人的迫切任务，也是我们佛教徒的迫切任务。"号召各国佛教徒为实现亚太和平会议的决议做出一切努力。

同年 12 月 15 日，圆瑛为即将在维也纳召开的世界人民和平大会，发表了题为《全世界佛教徒行动起来，为争取民族独立和保卫世界和平而奋斗》的文章，提出佛教的教义具有国际主义精神，号召世界佛教徒参加国际主义和平运动。

1953 年 9 月 19 日，圆瑛在宁波天童寺安然去世，享年 75 岁。

圆瑛七渡重洋，将佛教文化的慈悲、智慧、忍让、包容、中道、圆融、和合、共生的精神，播撒到东南亚的各个角落，既发挥了佛教文化的正能量，也展现了中国佛教文化的深沉魅力。

这一份无比珍贵的历史文化遗产，值得后人珍视并大力弘扬。

附一:鄞州被命名为"中国海丝文化之乡"

2018年12月13日,中国民协正式发文,命名鄞州为"中国海丝文化之乡"。

2019年5月13日,"海丝明珠·禅意天童"2019年鄞州区"海丝文旅节"开幕式暨纪录片《天童寺》首映礼在鄞州东吴镇启幕。当天,除了举行"中国海丝文化之乡"授牌仪式外,还现场发布了鄞州拥江、揽湖、滨海3条"海丝之旅"线路,这些线路串联起了三江口、庆安会馆、七塔寺、天童禅寺、阿育王寺等一批具有代表性的海丝文化遗迹,也将走马塘村、大嵩所城遗址、塘溪四大名人故居等一批具有代表性的文化遗产、重点文物保护单位、历史文化名村等串珠成链,成为鄞州海丝文化的又一张亮丽的名片。其中,天童寺、阿育王寺、七塔寺、庆安会馆、天后宫、东钱湖南宋石刻6家单位被授牌为鄞州首批"海丝文化遗迹",天

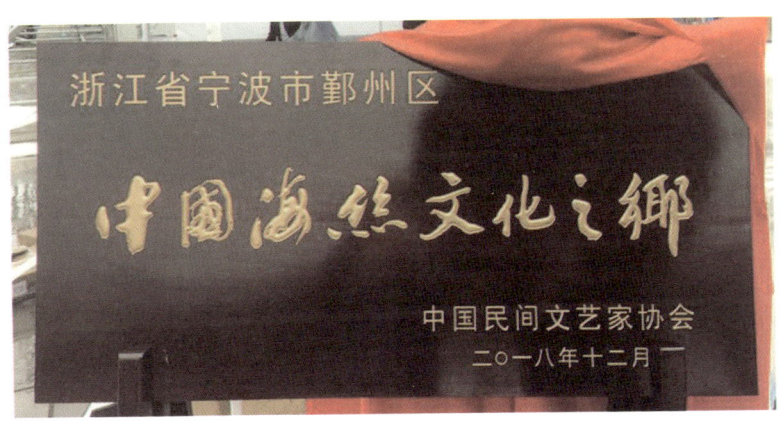

鄞州被命名为"中国海丝文化之乡"

童寺被授牌为"中国世界文化遗产预备名单"。

作为当天活动的另一项重头戏，纪录片《天童寺》首映礼举行。天童寺作为"一带一路"的活化石和宁波"海丝"文化地标，其在鄞州乃至宁波的"海丝"史迹中占据重要地位。纪录片《天童寺》从大宁波的视野，突出"海丝"主题，讲述了"圣地宁波、祖庭天童"的动人故事，同时还将展示宁波城区三江口、宁波海上茶路起航碑、天一阁、宁波港以及东吴镇太白湖、宰相银杏等宁波及鄞州元素。该片于2019年5月15日和16日在央视10套科教频道《探索·发现》栏目首播，分上、下两集，每集40分钟，让更多观众认识天童寺，进而了解鄞州和宁波的历史文化底蕴。

附二：村上博优鄞地寻根记

村上博优，原中日友好长野县曹洞宗协会理事长。1925年2月出生，1948年毕业于日本驹泽大学哲学系，1979年底首访宁波，此后近40年间，他先后120次来甬考察有关中日文化交流的史迹，撰写了10余部有关中日文化交流的专著，并带领多批日本专家学者来甬考察。在他的牵线和努力促成下，天童寺和三江口竖立了日本道元禅师纪念碑，宁波市与长野县上田市结成了友好交流关系城市……

2019年7月31日，这位宁波人民的老朋友因病在日本长野县上田市内医院辞世，享年94岁。他的部分骨灰移葬宁波天童寺。

探访鄞地百余次

回忆起40年前的往事,"老宁波"杨古城很是感慨。当时,他是市工艺美术研究所的一名工作人员,也是上世纪70年代末负责修缮天童寺内佛像的工艺美术师之一。在机缘巧合之下,他接待了改革开放初期前来宁波天童寺寻访祖庭的日本僧人。其中一些人成了他的挚友,甚至改变了他的人生轨迹。

中日两国邦交正常化后,许多日本佛教界朋友通过各种途径,向中国政府了解天童禅寺和阿育王寺情况,表达了要前往访问参拜的意愿。

当时,寺里文物大多散失。整修天童寺、阿育王寺的任务落到了宁波工艺美术研究所。

1979年底,经过曹厚德父女、杨古城、陈盖洪等本土专家的努力,天童寺佛像修复完毕,迎来了首批前来参拜的日本曹洞宗大本山朝拜团。

杨古城就是在这个时候结识村上博优的。"我在天童寺塑菩萨,他带着日本和尚来天童寺参拜祖庭。我不会日语,他不会中文,但是我们用笔交谈。他是一位日本文化学者,对中国佛教文化有着浓厚的兴趣。"

村上博优知道宁波曾有10道城门,还知道每道城门的来历与故事。他随身携带的书籍资料,都是当年从中国传到日本的古籍,当时在国内还难得一见。

在村上博优的热心奔走下,1980年11月19日,200余位中日佛教界人士来到天童寺,共立日本道元禅师得法灵迹碑。

之后的近40年里,村上博优情系中国、缘结宁波,先后120次到宁波觅踪考察,并撰写了10余部有关中日文化交流的专著。

40年间,杨古城有80次充当了他的向导。村上博优尊杨古城为老师,他对宁波的热情给了杨古城很大的震撼。杨古城说自己感到惭愧,因为当初,自己对宁波文化的了解还不及面前的这个外国人。"是他改变了我的后半生,激发我走上了寻访宁波历史遗迹的道路。"

在杨古城看来,村上博优对宁波的贡献,是他揭开了古代海上丝绸之路上宁波与日本文化交流中的多个谜团。"他对那些散落于荒野的文化遗存了然于胸。他的亲力亲为,仿佛为我们打开

2001年村上博优先生在鄞考察

了一扇窗，让我们明白，熟悉的地方，不仅有风景，还有厚重的文化。"

首揭石狮出梅园

建于公元751年的奈良东大寺，是目前日本规模最大的佛教寺院之一。2008年，日本将东大寺整体向联合国申报世界文化遗产，其中包括了南门的那对被誉为国宝的宋代石狮。

早在1980年，有日本专家就认为，东大寺石狮子的石质为宁波梅园石，这位专家就是村上博优。

他认为，这对石狮身躯瘦长有力，张嘴扬头，毛发卷曲，胸佩腰带和流苏，装饰简洁精致。石狮底座四周雕有牡丹、飞天、双狮戏球等图案，具有典型的宋代明州石刻风格。

功夫不负有心人。2004年，他在日本知名寺院般若寺附近发现2块石碑，上面记载了般若寺十三重石佛塔修建的经过。

他结合文献得知，1123年左右，日本著名的仿唐建筑东大寺火灾后要重修，由于日本工匠无法解决施工中出现的难题，便从明州请来了陈和卿、伊行末等7位工匠，他们雕刻的最著名石刻，就是东大寺前的这对石狮子。

细心的村上博优把日本几所寺院的石雕与东大寺的石狮子进行了比较，发现石狮子的石质与日本当地的石质完全不同，于是他萌发了一个大胆的推测：和明州石匠一起到日本的还有产自明州的石料，是宁波的石料打造了这对日本国宝。

同年，村上博优特意赶赴宁波，来到了史料记载盛产石材的鄞西梅园村考察。经过分析比对，他发现东大寺石狮子的石质与梅园石的石质基本一致。

据杨古城介绍，村上博优来宁波野外考察，见到实物只是拍照，哪怕指甲盖大小的一块陶瓷片都不会带走，唯独这一次，他带走了薄薄一片梅园石。

他将自己的发现与宁波当地的文保专家交流，宁波市文保专家研究后认为，宋代宁波去日本的商船常常将梅园石当作压舱石，既增强船只的抗风浪性，又可将石头作为上等石雕原料在日本出售，所以梅园石打造了日本国宝是完全可能的。

这一说法在后来的象山"小白礁Ⅰ号"出水文物中得到了印证，在那艘航行于海丝之路的古代沉船中，发现了大批成排成列的梅园石。

2008年8月，奈良东大寺石狮子与宁波梅园石的渊源有了科学的鉴定结果：根据日本国土交通省地质研究所专家鉴定，东大寺石狮子的石质与鄞西梅园石同属火山砾凝灰岩类，岩相非常接近。当年11月，14位日本石造物研究、雕刻专家抵达甬城，中日专家一致确认以伊行末石刻作品为代表的南宋石刻以梅园石为主材，对日本中世纪的石造物产生了重大影响。

六探实朝埋骨处

鄮山脚下乌石岙，当地人也称"育王山"，因为岙底坐落着一座千年古刹古阿育王寺，里面隐藏着一个让学者们多年来一直苦苦探求的秘密。

1979年11月，村上博优第一次到访中国时，首先就探寻了古阿育王寺。此后，从1985年到2000年，他又先后5次到古阿育王寺实地考察。

南宋绍熙三年，即公元1192年，日本源氏家族中的源赖朝在关东镰仓建立幕府，由幕府将军把持国政。这个武士政权，就是在日本延续了670年之久的镰仓幕府。源实朝是镰仓幕府的第三代将军。

源实朝的遗骨埋在乌石岙，日本的史料中有着影影绰绰的一些记载。正是这些记载，促使村上博优一次次亲临古阿育王寺予以求证。

史载，南宋嘉泰三年，公元1203年，作为一位虔诚的佛教徒，源实朝决定在镰仓建寺。出于对中国佛教的尊崇，他邀请在奈良修复东大寺的南宋明州工匠陈和卿来到镰仓。

一次宴请时，陈和卿说源实朝形貌酷似已经圆寂的古阿育王寺长老。

此前，源实朝曾做了一个奇怪的梦，梦见一位高僧告诉他，他的前世是中国明州阿育王寺的长老。

这让源实朝惊喜不已，他发愿生前要去古阿育王寺朝拜，死后还要埋骨育王山。

南宋嘉定六年，公元1213年，陈和卿向源实朝提议渡海参谒育王山，并亲自督工建造大船。但次年船只下海时遇台风触礁，源实朝参拜育王山之旅未能成行。2年后，源实朝在赴鹤冈八幡宫参拜途中被兄长之子弑杀。

源实朝渡海朝拜古阿育王寺的夙愿最终未能实现，那么他的遗骨究竟有没有埋到育王山呢？村上博优经过多年的考证后给出了肯定的答案——

南宋嘉定十六年，即公元1223年，距源实朝将军死后4年，日本的道元禅师渡海前往明州求法。源实朝的母亲北条政子听说后，专门请道元来到九州，委托他帮助将军实现生前的遗愿。

道元在明州求法期间，专程来到育王山，寻找接纳源实朝遗骨的合适地点。经过一番考察，他决定埋骨于乌石岙的舍利塔涌现之处，即阿育王寺开山祖师刘萨诃塔旁。

南宋淳祐十年，公元1250年，道元禅师的弟子心地觉心也渡海赴中国求法。临行时，他受幕府和道元禅师的重托，携带了源实朝将军的头骨。

幕府为此专门划拨了3500两黄金，500两作为心地觉心的路费和生活费，3000两施舍给了阿育王寺。阿育王寺在育王山东塔院建造了一座殿堂，雕了一尊与真人等大的像，然后将源实朝的头骨埋藏于像的肚内。

据村上博优考证，这件事，宋代阿育王寺有专门的勒石记载，这块碑目前就保存在日本福冈的一所寺院内。2016年，杨古城先生率宁波中日佛教文化交流团赴日考察时，曾见过这块"施金碑"，碑的石质也是梅园石。

考证"陶祖"学艺地

当年,来中国学习的除了荣西和道元,还有一个被日本人尊为"陶瓷之祖"的加藤景正(加藤四郎)。他的濑户烧技术蜚声日本。

但由于加藤景正在中国学习青瓷技艺的地域迄今尚无确凿的史料记载,上世纪 90 年代,村上博优在日本媒体和中国的一些专著中发现,对加藤景正在中国学习制陶的地域存有浙西天目山、江西景德镇、浙江龙泉、福建或浙东象山诸说。

村上博优分析认为,作为道元禅师侍从的加藤景正于 1223 年—1227 年入宋期间,应该没有较长的时间能够远离道元禅师,其学艺之地应与道元禅师求法的路线有关,特别是道元禅师在天童寺求法拜师 4 年期间,加藤景正最有可能就近寻找陶址,学习陶瓷技术。

2000 年,75 岁的村上博优随日本曹洞宗代表团参加天童寺建寺 1700 周年活动时,开始注意日本古陶濑户烧传入地的研究。在随后的 5 年中,他多次到浙江、福建、江西等各处窑址实地考察,特别是在

2016 年村上博优先生在天童寺

宁波所属的各县市寻访中获得了大量第一手资料。

杨古城说，当时的东吴镇平窑窑址，随便一挖都能挖出一大堆陶瓷片来。村上博优在这一带考察时天天早出晚归，汗湿衣衫，下雨天也不停歇，他的弟弟负责拍照。晚上，他还要与曹厚德等专家座谈讨论，写下考证日记。

平窑村，距离天童寺约10公里，曾是宁波陶瓷文化的发祥地之一，是东钱湖窑场的重要组成部分，目前保存较好的窑址有3处，经考证，这些窑均为宋窑。道元在中国期间一直居住在天童寺，加藤景正作为他的侍从，最大的可能就是在这里学习制陶。在村上博优看来，日本濑户烧的技术，无疑是从鄞东传过去的。

2004年3月，他获悉鄞州东吴镇一带在考古发掘中新发现了一批南宋陶瓷的信息，他又一次专程赴甬，以求实证。

近40年间，村上博优沿着当年日僧道元、樵谷惟仙入宋求法的路线，考证两位禅师在宁波的每一处遗迹。鄞州的大梅山、大慈山、天童山、育王山，宋代的宁波城门，宋、元、明时期宁波港口的位置，宁波城内各处佛教名刹，无不留下他的足迹。1986年，他写成《云游的足迹：道元禅师在宁波、台州》一书。在其后的几十年间，他又多次对此书内容进行增补、修订。

这本书的背后，是他跨越千山万水，孜孜不倦的执着探求。

"他把宁波的天童寺、阿育王寺等历史文化遗迹写得比我们宁波人知道的更加详细，他对考证工作的较真和执着令我十分感动。"杨古城说。

东吴镇有一条道元走过的古道被淹没在三溪浦水库下,他数十次来到湖畔遥望。2006年夏,三溪浦水库水位下降,古道露出了水面,村上博优获此消息后迅速飞来宁波,欣喜若狂地拍下了这条古道的珍贵照片,后来,他将这张照片用于新作《希玄道元禅师云游萍寄求法考察》的封面。

东钱湖白云寺至韩岭途中有个永善亭,亭里有4副对联。有一次,村上博优路过这里时用照片拍了下来,不想回国后胶卷损坏。为了不留遗憾,一个星期后,他再次飞来宁波,补拍相关照片。

除了宁波,村上博优的足迹还遍及浙江径山、天台山、雁荡山、普陀珞珈山等地。

1993年8月,他编写了近20万字的《浙江省古迹名胜参观集》,图文并茂地介绍了与中日友好相关的众多名胜古迹。

1998年8月,他结合自己60多次到中国实地考察和收集的资料,编写了《日中文化交往历史年表》。这本书上溯公元前,下至1997年,把中日文化交流的大事一一列出,有着较高的学术价值。

1995年,在他的大力促成下,人们深入了解了南宋时期宁波佛教文化沿着海丝之路传播到日本长野县上田市的史实,宁波与上田得以再续前缘,结成友好交流关系城市。

1997年,在他的积极奔走下,日本道元禅师入宋纪念碑在宁波三江口揭碑。

村上博优说过:"没有中国文化,日本文化就不敢大声说话。"

在他的心中，中国古代文化是日本文化之源。而这，正是吸引他一次次踏上中国土地，开始近40年"寻根之旅"的缘由。

2017年4月，93岁高龄的村上博优最后一次来到宁波，深情地拜别天童祖庭，向宁波告别。

他说："我对宁波特别是天童寺有着太多的眷恋，我衷心希望宁波越来越美好。"

2017年村上博优先生在宁波

第七章
青石生辉

宋韵东吴
SONGYUN DONGWU

传说，东吴镇平塘村有座狮子山，山上有两个狮神。靖康之变后，康王赵构一路南逃来到这里，正在修行的两个狮神见"真龙天子"来了，便现身跳将出来，匍匐在路边，想讨个封，康王正跑得上气不接下气，见迎面蹿出两头狮子，吓得当场昏厥，醒来后狠狠骂道："你们这两只狮子真该千刀万剐！"

或许是赵构皇帝一语成谶。没多久，就有人发现这狮子山上有上好的石料，于是，从宋代起，历朝历代都有人到这里采石，此地遂成为胡郎岙石，也就是宁波青石的产地。据文献记载，这种石头碧绿青翠，质细而脆，宜于装点园宅，故"沪上西人喜用之"。

石宕开采始于宋代

鄞州有1000多年的石作历史，境内以小溪石、梅园石、马岭石、稽山石、胡郎岙石、大隐石等最为有名，石作绵延至今不绝。特别是南宋，以东钱湖为代表的墓道造像石刻，填补了中国古代雕刻史的空白。

石宕在浙东亦被称作"石塘""岩宕"等，有的地方则叫"硐"或"窟"，都是采石场之意。

民国《东钱湖志》记载："椅子岙，在栗木塘东，产石色黄，不甚珍贵。胡郎岙，近瓶窑，产石色绿，质细而脆，不若稽山之坚。"

瓶窑，就是今天的东吴镇平塘村平窑自然村。

王安石在《鄞县经游记》中写道："庆历七年十一月丁丑，

余自县出，属民使浚渠川，至万灵乡之左界，宿慈福院。戊寅，升鸡山，观碶工凿石……"从王安石的这段自述中，可见他是从明州城出发，先到万灵乡之左界（今邱隘镇），后登上今东吴与五乡两镇交界处的鸡山（即麂山、几山），一路往东视察水利设施，看到当时碶工正在鸡山就地取石。上世纪80年代初，在开展第二次全国文物普查时，鄞县文物工作者在石山弄废弃的石宕中，发现了一块北宋纪年的石刻，这进一步佐证了史料的真实可信，同时也表明，当时鄞东一带的石宕业已经处于蓬勃发展的态势。

鄞地石质比较独特，这同当地的地层构成不无关系。据民国《鄞县通志》记载："鄞邑之地层至为简单，除火山岩流及现代之冲积平原外，无其他地层可言，造成西北与东南二山系之岩石，均为酸性之流纹岩。"该志又记载："鄞县境内所有岩石，除大范围之流纹岩，及其上部之各种凝灰岩外，花岗岩侵入体亦有之，但范围极小。"由此可见，分布于东西两乡的石宕，都是取自地表浅层的流纹岩和凝灰岩。

不过，由于采石的地层略有不同，二者也有各自明显的特征，鄞西以出产小溪石及梅园石著称，这也在一定程度上造成规模巨大、形状奇特的地上石宕。而鄞东石宕绝大多数取材于山体之下，由此也形成了个体独立、形状垂直、大小不一、深度超常的地下石宕。

鄞东一带的石宕至少有12处，主要集中在鄞县大道两侧，有胡郎岙、椅子岙、石山弄，涵盖方圆4公里范围。往东，沿断断续续的山体，从雅戈尔动物园一直延伸到平塘村胡郎岙一带。往北，过鄞县大道，经金童山和玉女峰，一直延伸到石山弄村的李家，由此构成东乡最密集的石宕群。

这些石宕出产的石料，除大部分用于修桥、铺路、修墓，还被制成民用的装饰石器，乃至日常使用工具，一直到新中国成立，其采石的工艺和方法，一直沿袭原始的作业方式，几乎没有多大改进。

上世纪60年代后，随着砖头的大量生产，再加上水泥被广泛应用于建筑领域，石材的需求量变得越来越小，这种充满危险、效益低下的采石作业方式也随之退出历史舞台，历朝历代开采而堆积下来的石材边角料被加工成了建筑用石子。之后，胡郎岙那些深不见底的石宕，有的废弃，有的被填埋，有的被改作他用，最后被长年的雨水淹没，成为"宕潭"。

宁波青石出平塘

1903年，有位叫J. E. Denham的外国人，从上海来甬考察，写了篇介绍"宁波青石采石场"的文章，并配上自己拍的图片，发表在《字林西报》主办的《东亚杂志》上。文中说，该采石场位于鄞东一个叫Oulaoou的地方，是当地石宕的一个老板陪着他坐船去的。据后来考证，这个地方就是今天东吴镇平塘村的胡郎岙。

胡郎岙，位于今平塘村南侧，邻鄞县大道。过去，胡郎岙因山下有河漕，也称"湖郎漕"，村民则称其为"乌老岙"，外文记载中的"Oulaoou"就是"乌老岙"宁波话发音的拼写。2004年，平窑与栗树塘两个村合并，从村名中各取一字，改名平塘村。

1903年，外国人J.E.Denham所拍的胡郎岙石宕

据村民介绍，古时，胡郎岙这个地方有一座山岭，叫狮子岭，山呈两个狮子面对面蹲伏状，中间有个小山包，从地形上看，就像"狮子滚绣球"。

关于这座山，当地流传着这样一个传说。

北宋末年，金兀术兵犯中原，康王赵构被金兵从河南一路追到杭州，又从杭州跑到宁波。当逃到平塘村附近时，狮子山上的两个狮神见"真龙天子"来了，就现身到路口迎接，想讨个封。正跑得上气不接下气的康王见迎面蹿出两头狮子，吓得当场昏死过去，醒来后咬牙切齿地骂道："你们这两只狮子真该千刀万剐！"

或许是赵构皇帝一语成谶。没多久，就有人发现这狮子山上有上好的石料，于是从南宋起，历朝历代都有人到这里采石，此地遂成为宁波青石的产地。山下就是河漕，采下来的石料可直接用船经水路运到宁波市区,再通过轮船码头或运河转往上海、杭州等地。

虽然这只是一个传说,但凡此种种,却让胡郎岙成为最富有人文底蕴的石宕。

据民国《鄞县通志》记载:"居民,如胡郎岙、椅子岙多业石宕。"又据清人徐兆昺编著的《四明谈助》记载:"胡郎岙,居民以采石为业,谓之'宕户'。"从中可见胡郎岙采石业之发达。

胡郎岙出产的石材,不像邻近的鹿山石坚硬,故适宜雕刻,用途较广。据祖上四代采石的村民钱德培说,胡郎岙石色分两种:一种色绿,石中带有黑色小斑,间或有黑色线条出现,宜刻精致石雕;另一种色绿,石中有大面积晕散性黄色,稍差,宜砌墙、制作石碑,铺设房屋明堂和天井地面等,为一种上等的建筑材料,可以装点园宅,故深受"沪上西人"的青睐。如今上海外滩黄浦江畔的部分铺石,还有上海汇丰银行门楼、上海外滩部分建筑门楼、杭州西湖边上的某些西式建筑,用的都是胡郎岙产的石料。宁波附近有许多小型古桥,其桥栏和桥板用的也是这种石材。由于胡郎岙有着众多的石宕,当地人从小耳闻目睹,对石头有一种特殊的感情。据当地人说,几年前,他们去福建厦门旅游时,一眼便认出了远销到那里的胡郎岙石料。

沧海桑田,几百年过去了,狮子山已基本被夷为平地,当年老外考察拍摄照片时,"狮子"的身子尚有一部分在,如今只存尾部。新中国成立之初,村庄周边到处堆满了采石遗留下来的边角料，形成一个个高达数十米的小山包，当地人称之为"砂篷"。只要村民造房子，修河埠，驳河坎，就会到"砂篷"中去寻找可用之材。上世纪50年代，村里同邻近的村庄一样成立了采石队，于是，这些堆积如山的石头，变废为宝，利用其加工成石子，用于鄞县大道建设，乃至五乡到北仑的铁路道轨铺设之中。

如今，胡郎岙还有5个民国时期开采保留下来的地下石宕，位于鄞县大道以南的工业区内。村民称之为仁记宕、丰红宕、永红宕、泰利宕、叶兴宕。

被厂房包围的这5个石宕，均有好几百平方米大小，毗邻而存，每个相隔100米左右，分布在半径250米范围内。其中两个已经被填埋，一个约100平方米，一个约600平方米。另两个基本完好，每个均为600平方米左右，一个位于厂房内，一个位于厂房与民居之间，前者被所开之厂取水他用，周围搭起了铁棚。后者被砌成的围墙封住，周围树木相掩。还有一个靠近山麓的石宕，大约有200多平方米。

在村民的记忆里，当年这几个宕里的积水清澈如镜，最大的丰红宕深达20多米，是上世纪70年代附近驻军到这里洗澡时，用麻绳挂铁块测量出来的。这5个宕，只有叶兴宕的水曾经在1975年的春节被抽干过一次，当时村里组织了3个生产队的力量，调来几台抽水机，足足抽了20多天，才将宕内之水抽完。经人测量，最深处达到了28米，而且还露出了宕壁上难得一见的石阶，村民也算有幸见识了潭底下青石的碧绿青翠。潭底下遗留着民国时期石宕老板所建的3间小平房，以及抽水用的洋龙。当时，捕捉上来的大小鱼儿有1000多公斤。其中，最大的青鱼将近20公斤。

在以后很长的一段时间里，这5个宕一直是村民及附近驻军的饮用水源。上世纪90年代，村里开通自来水，水源也是从这5个宕里抽上来的。后来，这几个石宕废弃不用多年，周边厂房密布，水质自然不及以往了。

如今，当我们来到平塘村，随处可见村中许多老屋的围墙，甚至地基所用的石头，很多采用当地石宕的边角料，被砌得整整齐齐，成为村里的一大景观。

国内外现存的胡郎岙石雕石柱等

但凡去过泰国大王宫的游客，一定会对里面的中国石雕印象深刻。这些石雕大小不一，人物、石狮等俱有，是地道的宁波货。其中的石狮，为清代宁波石狮的典型风格，文臣武将的造型和雕刻技艺几乎与南宋墓道石翁仲如出一辙。其中以皇宫门口的两尊石雕最有代表性：一尊为福禄寿三星中的福星，其头戴官帽，身着官服，手捧朝笏，寓意当朝一品；一尊为禄星，也是官员造型，一手捧元宝，一手持如意，寓意高官厚禄。两尊石雕的造型、纹饰为典型的晚清中国风格。另两尊略小的武将，造型、纹饰已有部分泰国风格，其雕刻技法仍为宁波风格。

泰王宫中的胡郎岙石雕

这些石雕的用材，就是东吴镇平塘村胡郎岙出产的上好青石。

英国传教士戈柏在 1860 年出版的《中国人的生活自画图》（Pictures of the Chinese, Drawn by Themselves）一书中，曾提及"每年宁波都会有大船将石狮运往暹罗（今泰国）"，结合宁波清代及民国时期出产大量花梨木家具的现象，可以推测，这些石雕既是宁波去泰国空船的压舱物，又是与泰国花梨以货易货的支付手段，因此才会出现宁波花梨木家具在国内独树一帜、宁波石雕在泰国王宫一枝独秀的世界奇观。

据《四明谈助》记载：胡郎岙石，色绿，宜于铺砌。但质细而脆，不若稽山石之坚。民国《东钱湖志》也载：石之属，绿石出胡郎岙者绿而脆，宜于装点园宅，近沪上西人喜用之。

1844年宁波开埠后，西方的砖石结构建筑开始进入宁波，本地石作也热情地参与到了建筑文化的变迁中，对折中主义建筑形式与风格在中国的形成及其确立，有着无可替代的积极影响。在混凝土尚未大量应用时，石头在西式建筑中的结构地位要比中式建筑来得重要，如条形基础、门窗过梁、立柱等。在宁波，以石块作下部承重砌体的西式建筑，除了华美医院，未再发现第二例，但在现存的建于1872年的江北天主堂、尚不知确切建造年代的中马路邮局和建于1903—1908年的谢宅中，发现外墙有稍许挑出墙体的青石板环绕，这些连续铺砌的青石板，或许是圈梁应用前同时具有楼板承重梁、防水檐板兼立面腰线装饰的作用，这在外地的近代建筑上很是少见。另外，用青石板作山墙与砖柱防水压顶（浙海关旧址博物馆、浙海关职员宿舍、孝闻街教堂等），也是在水泥普及前宁波石匠的一大创举。

和中式建筑一样，宁波青石在西式建筑中同样极尽雕饰之能事，在图案与造型上，石匠师傅总能忠实地体现外国人的设计意图，如宁波江北天主堂上的青石雕尖塔、青石圆窗套，谢宅临江外廊和中马路邮局门楼的青石雕爱奥尼克式柱头等等，都显示出宁波石匠与宁波木匠一样，对外来文化都有着开放接纳的胸襟。

宁波江北天主堂位于市区新江桥北塊，建于清同治十一年

宁波邮政局旧址　　　　　　谢氏旧宅

（1872），光绪二十五年（1899）增建钟楼。整座建筑由教堂、钟楼、偏屋组成。造型具有典型罗马哥特式风格，是国家级优秀近代建筑物。宁波邮政局旧址位于中马路172号，建于清末至民国初期，为二层外廊式砖混结构建筑，平面呈凸字形。该建筑采用了大量的砖砌柱式和拱券结构装饰立面，东入口处装饰爱奥尼柱头，带有古典建筑特征，是宁波代表性的优秀近代建筑。谢氏旧宅位于江北区白沙公园南，白沙路的东侧，是一幢中国传统建筑与外来建筑相融合，用水泥、砖和石材砌成的三层西洋式楼房。它建于1903年，原为甬籍煤炭业巨商谢蘅窗的私宅，现属于省级文物保护单位。宅楼临江而立，气派非凡。

这些宁波著名的近代建筑，无一不用到东吴平塘出产的胡郎岙石。特别是谢宅，可以说是宁波石作在西式砖石结构建筑中中西合璧的巅峰之作。

位于上海市徐汇区蒲西路158号的徐家汇天主堂，初建于清光绪三十年（1904），落成于清宣统二年（1910），为上海西部地标建筑，曾为远东第一大教堂，其石材部分为宁波产的胡郎岙石。胡郎岙石主要用于教堂内部科林斯式柱头和部分石柱，这印证了民国《东钱湖志》关于胡郎岙石的记载。徐家汇天主堂现已被列为全国重点文物保护单位。

1890年4月，上海公共租界当局为了禁止华人进入外滩花园，将位于苏州河南岸的四川路（今四川中路）东首、苏州河入黄浦江口处的一块名叫

上海徐家汇天主堂的胡郎岙石雕

"因斯滩地"的地块改造成一个公园，作为接纳华人的平民公园。为了装点这个新公园的景观，一位叫科纳的外国设计师设计了一只鹰首狮身模型，作为公园中央的一个日晷仪的托架，这项工程即以胡郎岙石建成，高约1.4米，直径1.1米，工程费为200两白银。（据熊月之主编《都市空间，社群与市民生活》）

另据《上海近代建筑风格》（郑时龄著）一书记载，英国建筑在19世纪末兴起都铎复兴风格，对上海的建筑产生显著的影响。都铎式建筑是指英国都铎王朝（1485—1603）时期的哥特式建筑风格，也可称为"英国中世纪乡土建筑风格"，多为砖砌建筑和起装饰作用的露明木构架住宅建筑。都铎复兴风格在上海的代表作是英国建筑师柯瑞设计的第二代海关大楼（1892—1893），其

外墙用红砖砌筑,屋顶铺法国瓦,立面局部贴宁波青石,即胡郎岙石。

美国首都华盛顿哥伦比亚特区有一地标性方尖碑主塔建筑——华盛顿纪念碑,它是为纪念美国首任总统乔治·华盛顿而建造的,系世界最高的石制建筑。纪念碑内墙镶嵌了 188 块由全球各地捐赠的纪念石,其中一块刻有中文,砌于纪念塔第十级内壁上,石碑使用的材质就是宁波青石。这块碑长 4.5 英尺,宽 3.5 英尺,字体为正楷,黑漆文字。其碑文如下:

华盛顿纪念碑内墙镶嵌的宁波青石石碑

钦命福建巡抚、部院大中丞徐继畬所著《瀛寰志略》曰:

按华盛顿,异人也。起事勇于胜广,割据雄于曹刘。既已提三尺剑,开疆万里,乃不僭位号,不传子孙,而创为推举之法,几于天下为公,骎骎乎三代之遗意。其治国崇让善俗,不尚武功,亦迥与诸国异。余尝见其画像,气貌雄毅绝伦。呜呼!可不谓人杰矣哉。米利坚合众国以为国,幅员万里,不设王侯之号,不循世及之规,公器付之公论,创古今未有之局,一何奇也!泰西古今人物,能不以华盛顿为称首哉!

大清国浙江宁波府镌,耶稣教信辈立石
咸丰三年六月初七日,合众国传教士识

1998年6月29日,美国总统克林顿访问中国期间在北京大学演讲,就专门提到了这块石碑作为"150年前中美两国关系沟通的见证"的历史故事,这也是东吴胡郎岙石成就的一段佳话。

胡郎岙石现存的实物,还有位于东钱湖隐学山余有丁墓道中的明万历十三年(1585)圣旨碑(原碑已一分为二),建于明万历元年(1573)的奉化万元塔,上有胡郎岙石方形碑,上书"光绪丙午竹洲募长春赀复修"等字,但胡郎岙石作为大型人物造像目前在宁波还未发现过,因此泰王宫现存石雕显得尤为珍贵,是宁波清代石刻人物造像的绝唱。

胡郎岙周边石宕

椅子岙石宕

椅子岙,今属梅湖农场,位于东钱湖东北,面朝后来被废的梅湖。此岙深约600米,前端宽约250米,三面环山,几乎高都在50米左右,恰如一把安放的太师椅,故称"椅子岙"。过去,这里人迹稀少,草深林密,是当地人砍柴的一个好地方。

据老人们介绍，椅子岙采石的历史，在近代已经开始了。不过，从周围开采过的山体呈深褐色痕迹，再结合岙底还有一个石宕来看，很可能开采时间要早得多。新中国成立前后，在椅子岙开石宕的为兄弟俩，是东钱湖陶公山忻家人，大哥叫忻银初，他所开的石宕为"兴隆宕"，弟弟叫忻泰初，他所开的石宕为"万兴宕"。这兄弟二人曾在鄞东一带颇有名气。

椅子岙的石头呈苍黄色，质感较粗，多数用于修墓、铺路、造桥等。因该宕底层产青色石料，当地人多称其为"青石"。据忻吉芳老人（忻银初之子）回忆，他懂事起，就知道爷爷从事石宕业，传到父亲那代，所开石宕有工人近20人。当时，上海外滩建造高楼大厦时，曾采用过椅子岙产的青石。

这些从事艰苦采石作业的工人，大多为附近东吴和东钱湖一带的人，也有来自象山的。石宕附近建有简陋的工棚，以供工人

椅子岙石宕上方开采过的山体

休息、住宿、吃饭、放置工具,共有两间,分别叫"上沙房"和"下沙房"。上世纪50年代,石宕全部关闭,这两间房子也被拆除。

经过多年开采的石宕,山体会呈现不同的面貌,椅子峧也一样。地面以上,是垂直裸露的悬崖。对应的地下,则有很深的石宕。据曾生活在梅湖农场的童利民说,上世纪70年代,椅子峧有两处废弃的石宕,一大一小,相距50多米,大的在峧前,约900平方米,因男人常来洗澡,被人称作"男池",小的在峧里,约600平方米,因女人常来洗澡,被人称作"女池"。这两个"宕潭"近似圆形,水深有30米左右。每到夏天,这里成为难得的天然游泳池,附近村民都会到这里游泳,热闹非凡。那深不见底的水池,还成为"纵身一跃"的绝佳之地。因此,时有跳水爱好者光临。不仅如此,这两个采石遗留的石宕,还为当地人提供清洁的水源。由于当时还没有自来水,生活在梅湖农场里的人,都会拿上木桶,到石宕前来挑水。上世纪90年代,这一曾经热闹一时的"宕潭"被周边村庄运来的垃圾填埋了。旁边又开山筑公路,最后被开采下来的废石掩埋。

上世纪50年代,因各类工程建设之需,将石宕产生的废弃石块加工成可用的石子,在这一带很是兴盛。据宁波服装博物馆原馆长陈万丰回忆,他的奶奶和母亲曾在椅子峧敲过石子。当时,中饭自己带去,整天工作在石宕现场,每人一把小榔头,蹲在一个草圈堆里,将拳头大小的石头敲成核桃般大小,然后,一颗颗堆放在旁边。其间,还得小心翼翼,不然,飞弹出来的碎石伤人不轻。待到第二天，会有收购石子的人前来，按立方计算数量。这些从事敲石子的人，大多是附近村庄的妇女。虽然这份工作吃力又危险，但在当时还是吸引了不少人。

值得一提的是，当时的"宕潭"周围，还遗留着数块青色大条石。据村民介绍，此石条截面呈长方形，长约10米，宽约0.7米，厚约0.5米，体形巨大，足有几吨重。上世纪70年代，旁边办起梅湖农场万猪场，这些巨石从此下落不明。

石山弄石宕

石山弄，毗邻鄞县大道北侧，是五乡的第二大村庄，同椅子岙仅一山之隔，由6个自然村组成，分别为阮家、漕里、东山头、俞家、李家、童家。过去，当地人除了务农，就是以采石为业。

石山弄的石宕，分布在漕里、俞家和李家3个地方，地处河道密布的东乡平原。该村杨孝康老人说，1966年到1980年期间，他担任生产队的采石场队长，同石头打过多年的交道，而且，听祖辈所说，石山弄采石的历史，从宋代已经开始了。

石山弄出产麂山石，呈暗红色，石质坚韧，主要被用于制作捣臼、石磨等，因此，有"硬如麂山磨"之说。除此之外，还被用作坟料、墙脚料。石山弄村党支部书记童华龙介绍，石山弄村已知有5个石宕。其中一个特别大，年代悠远，位于漕里的天童山，根据残存遗址的痕迹来看，估计有7000多平方米，包括被开采过的山体，堪称东乡已知最大的古石宕。

上世纪 80 年代初，在进行全国第二次文物普查时，鄞县文管办曾组织人员，来到石宕实地调查。2010 年被列为鄞州区文物保护单位，在遗址边竖了一块古石宕保护石碑。如今，荒草蔓延的石碑边上，只剩下一点点倾斜的山体，其他早已不见踪影。关于这个石宕消失的原因，据说，很早以前，因周围都是良田，旁边石宕开采下来的碎石无处倾倒，就统统填在了那里，长年累月，最后淹没殆尽，以至其当初的模样，连老一辈的人也说不上来了。

石山弄俞家有两处幸存的石宕，基本完整，位于民居旁边，相隔一条马路，大小差不多，每个大约有 200 平方米，呈圆形状。一处被村民用作了鱼塘，一处成为村民日常的洗刷用池。旁边尚剩不多的山体，高 8 米多，于平地中突兀而起。陡峭的岩壁上，依稀可见当年的炮眼，有五六个之多。童华龙说，这里原本是座相连的山体，叫"麂山"，历史上也称鸡山、稽山。经过长期开采成为平地后，才建成了如今的水泥路。关于这两个石宕的深度，当地无人知晓。上世纪 70 年代末，当地生产队为了捕鱼，组织人员进行过一次大规模抽水。由于宕潭太深，未能抽干，最终还是不知道石宕的真实深度。

在石山弄李家，甬台温高速公路穿村而过。过去，这里南北也有两个石宕，北端一个约 2500 平方米，南端一个约 3500 平方米，包括山体部分，而且两座山体之间还有一条小路相连。上世纪 90 年代中期，因建造高速公路被开山填埋了。如今这里除了路边一堆堆巨大的麂山石外，已不见当年石宕的影子。

采石所需工具及开采过程

一般来说，开一家石宕工场，需要约20名工人，其开采过程中工序繁多，衔接严密，每个人都有明确分工，主要有吊运工、石匠师傅、炮工（近代才有）、铁匠等。其中，尤为重要的是石匠师傅，他们技术高超，当地俗称"大宕师傅"。而那些搬运石料的配合人员，俗称"操泥板"。炮工，则是专门从事爆破开石之人。

除了以上人员，开采坚硬无比的岩石，还需要开采和运输工具，主要有吊车、跳板、凿子、各种铁锤、錾子、撬棒、墨斗、石斧、铁棍、光棍（抬石料之用）、线坠、麻绳、煤炉（最早用木炭）、风箱、铁砧、磨石、常用划线框、独轮车等，以及后来应运而生的炸药。由于采石是露天作业，还需要抽水的辅助工具，如洋龙（过去救火会用的）。之后，使用抽力更大的机械龙，前者用人力，后者安装有先进的马达。而在遥远的古代，都是依靠牛车。

凿子和铁锤是采石最常用的工具，样式相似，只是大小不同。大宕师傅所使用的铁锤颇有讲究，人称"青果榔头"。这种榔头重约10斤，采用上好的钢材做成，形如青果，两头小中间大。手柄，用富有柔韧的坚秋树或枫树做成，而且，安装的办法也与众不同，将前细尾粗的树枝削过后，从榔头外端孔中倒插进去。使用时，只会越敲越紧，并发出铮铮的清脆声。至于开石时不可缺少的錾子，前端呈扁平状，后端呈圆形，长约10厘米，直径比成年人大拇指粗点。由于其体型小巧，当地人俗称"麻雀"。

从石宕中吊运石料,有一种土制的装置。据村民介绍,这种吊车主要由吊杆、滚筒、车筒等组成。吊杆,采用当地粗壮的圆木做成,直径 0.2 米,长 4 米多,与地面形成大约 45 度斜角,一半伸入石宕之内。吊杆下端加工成活动的球面,支撑在凹坑的岩石中,通过旋转,可以使吊杆左右摇摆。顶端有两条绳子,一粗一细,粗的斜拉在正后处牢靠的桩基上,与地面、吊杆组成一个固定的三角形,让吊杆始终保持一定角度,细的那条用来左右拉动吊杆。地面上,还有一个固定的滚筒,长 1 米,直径 0.4 米。外端面上,安装有数根盘旋的手柄,以供起吊石料的人操作。车筒,生在吊杆端顶,用檀树做成,具有耐磨、抗开裂、表面光滑等特点,人称"檀树车筒"。这种专门制作的吊石装置,可垂直运载数百斤重量,平时固定在石宕边上。使用时,只需要地面两人配合,一个人拉动细绳子,一个人绞动滚筒就行了,既实用又安全。

独轮车用木头制成,用于装载碎小的废石,俗称"宕渣"。车上有一条绳子,可挂在推车者的肩部,车轮两侧各挂一只竹箩,可载重 50 公斤左右,依靠双手推着前行。当地人说,这种形体独特的车子非常实用,不受道路大小的影响,尤其是狭窄、高低不平的山路。墨斗用于落料时,在石块表面弹出墨线来,便于精准加工。至于煤炉、风箱、铁砧、磨石、锻打铁锤等工具,都是用于淬火磨凿子等的工具。

开采石宕的山体都不高,一般在 50 米左右,有的只是一个隆起的山包。由于其长年暴露在空气中,表面岩石趋于风化和开裂。因此，一般都需要破土开山。如果遇到风化层较厚，还得将整个山包夷为平地。

破土开山

古代没有机械化的施工工具，完全采用人工，一点点地用凿子、铁棍、撬棒、铁锤等工具，将无用的风化岩石全部撬下。待到全部清理完毕，按步骤在原石上开凿所需的石料，这样没有任何的安全措施，不但非常危险，而且进度缓慢。到了近代，炸药被应用于开山采石之中，岩石都被炸得四分五裂，这样不得不往地下开采有用的石料。

炸山队，一般由3人组成，有敲锤者、握铁棍者、放炮者。若要在山体岩壁上打炮眼，需要这么操作。首先，打孔者腰上系牢绳子，将另一端系在山顶的树桩上，或其他的牢靠处。然后，沿着山体的岩壁，从山顶慢慢往下爬，到达指定位置，做好支撑两端的桩头，确保可承受两个人的体重，然后，再将铺好的挑板扎牢，这样就可站在上面打炮眼了。这时候，一个人紧握铁棍，一个人挥舞大锤。开始时，先用短凿子凿出直径5厘米左右的炮洞。随着洞的深度增加，必须不断更换铁棍的长度，这样一直凿到要求的长度。刚开始时，石屑可用工具钩出，待到一定深度以后，则需要将水灌入洞中，使其湿润，再用长杆的钩具，一点点将石屑泥钩出。一般炮眼长度2米左右。后来最长的，发展到足足有5米左右。如果开凿一个最长的炮眼，一般两个熟练师傅相互配合，一天可以完成。

据老人们介绍,使用炸药爆破山体,最初是将黑色粉末状的粗制炸药,用竹丝一点点拨进洞中,以免摩擦产生火星。为了引爆后产生更大的威力,还需要用泥土压住。这样安置好后,再将已经准备好的导火线(过去用"煝头纸"搓成),轻轻放入炮眼内,并用竹篾将其架起,不让其与洞壁接触,避免产生危险的哑炮现象。不过,还得让导火线挂出洞外1米多长,保证点燃后炮工有足够时间安全撤离。至于更为先进的雷管,那是后来才开始使用的。

开采石料

一般从地面往下进行。在正式采石之前,石匠师傅会根据岩石的纹理,采取直采或是横取。另外,还会考虑易裂的石筋,或其他瑕疵等因素。开采板料有固定的划线框,确定以后,石匠师傅拿着它,先在原石表面放样划线,再依据所划的线条,用凿子凿出垂直的缝隙,其深度要达到石板的厚度,三边完成以后,在其第四边的厚度处,还得开凿水平孔洞。如果开采1米不到的板料,只需一个即可。如果大于这个尺寸,就需要2个,相距约15厘米。因此,采下来的石板边缘,都会留下不深的半圆孔,1个到2个。凿成后,再用錾子轻轻敲入,这样,石板在其张力的作用下就会自行分离开来,就像过去凿切生姜糖,一块又一块。当地人习惯将这样的石宕称作"板宕"。但要注意一点,开采板宕时,用力不宜过猛,否则,板料就会发生崩裂,甚至破碎。分离以后,用撬棒插入石缝内,将其慢慢移开,直至抬到吊杆下方,为后一步吊运作好准备。

椅子岙、胡郎岙多为板宕。板料规格并不多，一般常见的尺寸，多为长1.2米、宽1.1米、厚10厘米，稍薄点的厚8厘米。如果一个人开采一块板料，从放样画线到成块分离，一般需要半小时左右。不过，这还要看石料所处的深度。因为，岩层分布地下有一个特点，越往下层，石质越软，颜色越纯，越容易人工开采。如果开采巨大条石的话，其开采方法有所不同，而且耗费时间会更长。

经过多年开采过的石宕，一般呈圆桶状，上端有一点坡度，下端大多呈垂直状。到了一定深度，每天工作的石匠师傅，来往于地面与石宕之间，变得比较困难，据说都是依靠绳索上下。与此同时，随着开采深度的增加，也给吊运带来了很大的难度。

吊运和搬运

这两项工作并非轻松的活儿，而是一件相当危险的高空作业。刚开始时，由于石宕并不深，开采重量巨大的条石，只需合力相抬就行了。随着石宕深度的增加，一般开采数百斤的板料，还得依靠吊车。当开采的石料到达一定数量，就可以开始吊运了。先用麻绳绑好石料，下面的人就会吹响哨子，上面接应的人听到以后，就会推动滚筒上的手柄，这样慢慢绞动滚筒，于是，石料就会跟着绳索徐徐上升。到了地面之上，旁边的另一个人开始拉动绳子，将其慢慢移动过来，到了指定位置的上空，绞动滚筒的人就会反向盘转手柄松开，直至放好。整个吊运过程中，需要精心配合，保持一定速度，容不得半点疏漏。

石料运到地面，一旦暴露在空气中，遇风见光以后，过段时间就会变硬。可是，这些开采下来的石料，仅仅还是半成品，绝大多数都要运往周围的石材加工厂（俗称"石作厂"），再按照用户的不同要求，进一步精雕细琢，直至打磨成型。比如，有的雕刻成精美的石窗、石柱等装饰物，乃至日常工具。当时，也有人为了减少搬运的不便，索性将石作厂建于石宕附近。至于地面上运输石料，都是依靠人力，一步一步，从山中合力抬下来，到达河埠头，再等待装船。对于体态巨大又笨重的条石，人数需要更多。

过去，没有四通八达的公路，石料运往外界，唯一的办法就是依靠水路。像椅子岙运往外界，主要有3条途径，一条通过五里塘的上虹桥，或下虹桥，运往东钱湖沿湖各村。另外两条线路，分别通过梅湖和栗树塘的堰坝，运往范围更广的东乡各地。

但见石宕在，不见采石人。数百年来，这些看似不足为奇的石宕，曾出产过数以万计的石料，与西乡的小溪石、梅园石一起，交相辉映，这些经过千锤万凿的石宕，承载着一代又一代先民的汗血和匠心，是人们利用自然、改造自然的见证，也是古人馈赠给我们的一大文化瑰宝。

（本章部分内容选自《盛极一时的东乡采石业》，作者：史宏）

第八章
宋韵老街

宋韵东吴
SONGYUN DONGWU

在一般人的印象中，东吴镇的天童老街似乎总是和晨钟暮鼓联系在一起。然而，在天童村和童一村村民的心里，家门口那条长长的老街，更像是一台时光机，把往事锁在了里面。

这是一条自宋代起便形成的街市，是当地人所说的"东乡十八街之一"。它像一条玉带，一头系着天童寺，一头连着小白岭。庙会、社戏、老店铺、集市，诸般热闹，天童老街都曾拥有过。古时候人们想要去天童寺进香朝拜，就一定要由东向西地走过这条村中的主干道。天童街，由此迎来了无数的香客。当然，在这条街上走过的不止有香客，在公路交通尚不发达的年代，象山港的海产品，鄞州瞻岐、北仑三山等地的农副产品要向外销售，大多都要经天童老街到东吴镇小白河头，再通过水运进入宁波城。所以，天童街自然而然地成了鄞东水陆商品集散地之一。

从2019年起，东吴镇着手进行天童片区小城镇环境综合整治、美丽城镇建设，借此东风，天童老街在时代的风口中蜕变重生，迎来新的生机，焕发出澎湃的活力。

村民记忆中的天童老街

天童老街位于太白山南麓，距宁波市区约25公里。这里依山傍水，山绿水清，房屋鳞次栉比，街面整洁。在长达1500米的街路旁，建有三祠（王、蔡、徐三家祠堂）、两亭（福善亭、南熏亭）、一庵（广济庵）、一庙（太白庙）和一堂（僧学堂）。

天童老街（胡学军摄）

街呈东西走向，西从小白岭下的张监桥起，东至僧学堂。分下、中、上三段，街面是清一色取溪中鹅卵石铺嵌而成的"石弹子"路，路面两侧略倾，并筑有排水沟，能做到小雨不湿鞋，大雨不积水，只要雨住风一吹，路面即清爽干燥。所以有民谚云："天童街也勿坏，一埭溪坑一埭街，解开包袱换新鞋。"

下街——从张监桥到蔡家弄，以应、王两姓为主。应姓人家多住在街北的石仓岙。王姓在历史上是望族，明清时期出过几位进士。下街后山坡旁有座"王氏吉房"，是一个叫王稼瑞的著名民族工商业家所建，新中国成立后直至1992年撤区并乡，一直是天童乡政府的驻地。

从张监桥往东约50米是福善亭（俗称新凉亭）。亭内四根石柱上镌刻着两副对联："万里逢春太白山下皆吐翠；百花向阳天童街上尽朝晖。""走走歇歇喝杯清茶精神爽；坐坐聊聊海阔天空论兴亡。"亭内置有板房茶室，由善男信女免费施茶，时常有过路人在此小憩。

从张监桥到新庵沿路两旁有数十棵古松，高大挺拔，枝叶苍翠，需两人合抱，是入天童寺"万松关"的一部分。

在新凉亭和王家祠堂街对面建有石碾三台，是乡民碾谷米之处。过了祠堂，沿街两旁有众多店铺，如杂货店、大饼店、剃头店、绱鞋店、油漆店等。

中街——西起蔡家弄，东到纪家弄，以蔡姓、史姓为主。在蔡家弄口上首，建有蔡家祠堂。该祠堂于上世纪30年代遭遇火灾，经众人扑救后来保住了后殿。

中街有中医诊所、轧米厂、贳器店、打铁店、裁缝店、糕饼店等，并建有石碾。

上街——从纪家弄至僧学堂，以徐、陈两姓为主。徐姓也是望族，在明代曾出过几名进士，有一位官至殿前御史。在上街东段，建有徐家祠堂，祠堂前也设石碾数台。

位于上街最东边的僧学堂，是由天童寺出资建造的一幢二层楼房，共有七间，是天童寺物资暂储处和朝圣者去天童寺途中歇息之地。新中国成立前，这里曾办过学堂。

上街的中心在太白庙，附近不仅有饭店、客栈、肉铺、咸货店，还有万寿堂中药店、烟酒糖果店、理发店等,是天童街最热闹的场所。

出天童街向东北,顺着万松关的松树长廊,踩着荷花石板,经由伏虎亭、古山门、景倩亭三个独立的山门,便到了著名的"东南佛国"天童寺。

街上的王姓,是王安石的后裔

老街上有天童和童一两个村,分别居天童街的上(东)段和下(西)段。应姓和王姓是童一村的两大主姓。鲜为人知的是,该村王姓居民的祖先,竟是大名鼎鼎的北宋著名思想家、政治家、文学家、改革家王安石。

据王氏后人、童一村退休教师王瑞海提供的康熙年间王氏族谱记载:"吾族自临川荆国公分派以来,徙居四明。历宋至元,而有仁五公徙居于此,为天童起族之始祖。"

根据记载,王氏一族徙居四明后,到元世祖忽必烈至元年间,有提举司王师仲(即仁五公)定居天童。据王氏后人考证,王师仲是王安石第11世后裔,他大致在元至元二十七年(1290)至二十八年(1291)间,迎娶了天童中街戴氏之女,遂定居于此,成为天童王氏第一世始祖。

王氏族谱记载的相关内容,与天一阁所藏王氏族谱,以及邱隘镇五都王村所藏王氏分支族谱一一对应,均可证明童一王氏系

243

王安石后裔。从王师仲始,王氏后人已历23代。

在王师仲定居天童街500年后,即清康熙年间,童一王氏中的一支迁至邱隘镇五都王村。至此,王安石后裔在鄞集居地即为童一村和五都王村。

王姓一族经元、明两朝繁衍,到清朝已有相当人口。康熙年间由族人王慕峰编撰家谱,乾隆年间由王裕煊重辑。此后,道光、光绪及民国时期都曾重修,总共修了5次家谱。位于天童街的王氏宗祠,始建于清康熙年间,嘉庆年间又新增戏台及两旁廊屋,上世纪40年代由王氏族人、著名工商业家王稼瑞重修。堂名"永思堂",上首位是进士匾,下首位是登科匾。

王氏族规上明确记载:"爱亲者不敢恶于人,敬亲者不敢慢于人。亲亲长长而天下平,皆此义耳。乡约当遵孝顺父母、尊敬长上、和睦乡里、教训子孙。"这是王安石要求后人以"孝"为先。

"或狎于亵昵,或狃于阿承,皆非礼也。"这是王安石要求后人为人做事要端庄、正派。

"族中各父兄,须知子弟之当教,又须知教法之当正,又须养正之当豫。"这是王安石提出的教育方法。

"七岁便入乡党塾学书……严加训迪,务使变化气象、陶荣德行,他日若做秀才做官,固为良士为廉吏;就是为农为工为商,亦不失为醲谨君子。"这是教育王氏后人不管是富贵还是贫穷,都不能忘记德行,要成为真正的君子。

近现代,王氏后人的优秀代表有王稼瑞、王家安等人。王稼瑞出生于1888年，上世纪二三十年代先后在宁波和上海创办恒丰印染厂、织布厂、火柴厂，在沪甬两地印染纺织业中独占鳌头。王家安于1933年在上海参加中共地下党组织，为上海出租车行业工运领导人，1939年入皖南任新四军军部教导队指导员，1941年在皖南事变中牺牲，现在童一村有王家安烈士的衣冠冢。

王家安烈士

应姓是童一村的另一主姓。据传，唐长庆年间（821—824），唐奉国军节度使加散骑常侍应彪任明州刺史。赴任时，其家眷亦随迁宁波，并在宁波定居发族，后裔人丁兴旺，成为浙东应氏一世祖。南宋时，其后裔应高自广德迁居鄞西樟村蜜岩。元时，应槐一脉迁大童街，因居住地位处山岙，东向，旭日升起，阳光普照，古称"日昌岙"，也叫"日窗岙"，后谐音成为现在的童一村石仓岙自然村。

天童村以徐姓为主姓，间有戴、陈、史、纪、谢等杂姓。据传，宋时徐富阳南渡居东乡明楼，其后裔分迁小白，再迁天童。徐姓在历史上是望族，现在是村里的第一大姓。

匠心还原宋韵农耕文化

2018年，老街居民史东初和几位木匠同行一起，花了4个月时间，用纯木工手艺，还原了旧时牛力水车的样子。那是一架木制的牛力水车,如今,它就被安放在东吴镇平塘村旁的雪菜博物馆内。这样的老物件,是宋以来劳动人民智慧的结晶,对于上年纪的人来说是一段历史和回忆;对于年轻人来说,还原旧时的生产、生活器具,有利于更好地传承农耕文化。

天童一带属于典型的半山区。宋时,当地百姓多从事农桑和稻作,故王安石有诗"山山(也作村村)桑柘绿浮空",男耕女职的农耕文化延续千年。水稻种植,灌溉是个首要问题。在宋以前,每到夏季,当地农户便会依靠人力,将池塘水、溪坑水,一担一担地挑至田头灌溉。宋时,人们已充分认识到农具在农业生产中的重要作用。陈旉在《农书》中说:"工欲善其事,必先利其器,器苟不利,未有能善其事者也。"宋代,浙东地区生产工具的改良和耕作技术水平已走在前列,这在鄞县人楼璹所进呈给朝廷的《耕织图》中充分得到反映。

《耕织图》系楼璹为"感念农夫蚕妇之苦,究访始末"而作。它把耕作与蚕织各个主要步骤以图文的形式予以解释说明,"耕自浸种以至入仓,凡二十一事;织自浴蚕以至剪帛,凡二十四事。事为之图,系以五言诗一章,章八句"。鄞县人楼钥对它的评价是:"农桑之务,曲尽情状,虽四方习俗间有不同,其大略不外于此。"据后人研究,在浸种、耕、耙耢、耖、碌碡、布秧、淤荫、拔秧、插秧、一耘、二耘、三耘、灌溉、收刈、登场、持穗、簸扬、砻、舂碓、筛和入仓这21幅耕图组画中,出现了龙骨水车等30余种农具图像。由于作者生长于明州,因此部分内容实际上也反映了明州的农业生产情况。

龙骨水车亦称"翻车""踏车""水车",其结构是以木板为槽,尾部浸入水中,有一小轮轴。另一端有小轮轴,固定于堤岸的木架上。用时踩动拐木,使大轮轴转动,带动槽内板叶刮水上行,倾灌于地势较高的田中。

这种水车由于结构合理,可靠实用,自宋以来被广泛应用于农田灌溉、排水及运河供水中,所以能一代代流传下来。一直到近代,随着农用水泵的普遍使用,它才完成历史使命,悄悄退出历史舞台。但这种水车链轮传动、翻板提升的工作原理却有着不朽的生命力。就拿我们今天能够见到的疏浚河道的斗式挖泥机来说,那一只只回转挖泥的泥斗,就是从水车的提水翻板脱胎而来的。

龙骨水车的称呼来自民间,除了楼璹《耕织图》,南宋陆游《春晚即景》中有:"龙骨车鸣水入塘,雨来犹可望丰穰。"在目前所见到的史料中,这应该是关于龙骨水车最早的出处。

最初的龙骨水车是用人力转动的,在此基础上,人民群众又创制了利用畜力、风力和水力等转动的多种水车。《宁波旧影》一书,收录了一张"天童山下一农夫驾驭着水牛正用车盘将河水引向山脚下的稻田"的老照片,这张照片是清末一位不知名的外国人在去天童寺的途中顺手拍下的,画面反映了农户巧妙借助耕牛的力量,将溪坑里的水提上来,灌溉农田。

这张照片中的牛力水车,其构成大致可分三部分:一是以坚实的木质为主件,制成圆形大盘,再与竖式中轴等配件构成圆锥

天童山下的牛力水车

形框架,盘上带齿可旋转车棚。二是由安装在跨轴两侧带齿的两个大小钵连接车盘齿轮与槽桶鹤板。三是槽桶下端吃水部位,用支架和吊绳控制水位,并连接跨轴上的钵齿与水下叶轮的轴齿,使之形成一个可转动的整体。

这样,只要套上牛,依逆时针方向转动车盘,整个水车就旋转起来了。

牛力水车的操作程序如下:农户将牛牵到木制的大转盘旁边,用右手拍一拍牛的肩胛头,那地方就是要套牛轭头(连接牛身与转盘之间的装置)的。用手拍拍牛,好像是对牛说辛苦你了。那牛驯顺地低着头,眼睛看着地面,呼哧呼哧的,嘴巴在不停地嚼着。随即,农户拿起放在转盘上的牛轭头,一转身就精准地套在了牛肩头上,再系上颈绳,给牛戴上眼罩(据说是为了防止牛

第八章 宋韵老街

原版复制的牛力水车

走的时候发晕），然后大喊一声"走"，那牛就撒开蹄子，低着头，翘着角，喘着气，一步一步地拉着大转盘绕圈子。水车大转盘嘎嘎、嘎嘎地响着，通过传动轴，带动水槽叶片如此这般神奇地周而复始地运动开了，池底里的清水就源源不断地由下而上，泛珠吐玉，轮转水泻，跳进沟里，一路潺潺地流向远处，流向稻田，去滋润每一棵正在茁壮生长的秧苗。

在电力、机械还未普及的年代，稻田边水车嘎吱嘎吱的车轮声和哗啦哗啦的流水声，曾成为多少人童年记忆中最清晰的声音。如今，利用水车进行灌溉的画面，已定格在老照片的历史镜头中。

没想到，天童街上的三位村民，花了4个月的时间，为我们重现了旧时的牛力水车。

这三人分别是：史东初、王孙龙、陈世红。他们分工明确，陈世红是东吴镇民间艺术协会会长，他负责水车的设计和制作过程的指导，史东初和王孙龙是几十年的老木匠，水车的制作全部由两人共同完成。

牛力水车是按照旧时水车的模样等比例缩小制作的，设计巧妙，还原度高，水车的细节处都是经过他们反复考量的，制作工艺十分精细，无一不体现着他们的精湛手艺。

史东初说，做这台水车耗费了三人大量的心血，三人的年纪都比较大，在很多时候常常感到力不从心，想到什么就要立马写下来，有时候晚上睡觉，翻来覆去睡不着，脑中想的全是第二天要做的工作。

牛力水车，对于年轻人来说是文化寻根，对于上了年纪的人来说则是记忆苏醒。他们做牛力水车，就是为了让这项传统工艺流传下去。

天童木匠心作研习基地（中央音乐学院乡村教室）

目前，他们还在制作一些传统的生产、生活用具，传承农耕文化。

其实，这台牛力水车并不是他们做的第一台了，2016年他们就已完成了一台牛力水车，并展示在天童村御史坊双池。

当电力和机械逐渐取代传统生产工具，几位民间工匠却用他们的执着与坚守，传承着这项古老的手艺，让快节奏的生活还有"慢"的时候，让宋韵天童的点点滴滴重新浮现在人们眼前。

舌尖上的宋韵美食

若问历史上哪个朝代的鄞州人比较有口福？宋朝多半能拔得头筹。

2022年1月18日，一群生活和工作在鄞州的国际友人走进天童老街，享用了一次别开生面的长桌宴。餐桌上，无论摆盘、装饰还是餐具，全部仿照宋时大户人家制式，席间更有悠扬的古筝伴奏。

腐皮黄鱼、雪菜冬笋、油炸春卷等当地特色美食和麻糍、酒酿圆子、油赞子、年糕干等传统点心，让这些来自异国他乡的人士置身到浓浓的宋韵氛围中。这是鄞州宋韵美食的一次生动亮相。

一

"乌穧新春玉粒堆，齐头稻穧又相催""已卜晚青催出穗，且将早赤急春粮",从南宋明州知州吴潜《喜雨二解》的诗句中,可见当时鄞地水稻种植已一年两季了。

水稻向来是四明地区的主要粮食作物。《鄞县志》载,北宋大中祥符五年(1012),原产于越南中南部的优良稻种占城稻引入明州,经过长期的种植和改良,到南宋时,已与明州地区原有的稻种相结合,培育出籼稻、粳稻和糯稻三大系列,品种达25种之多。

那时,鄞州百姓的主食是饭、饼和粥。稻米经过舂、磨等加工环节,被用作粒食或粉食。我们今天常吃的玉米、土豆、红薯、花生等,那时还在遥远的美洲大陆。

把稻米加工成白糍,是一道传承至今的美食。明州诗僧释智愚写过一首《白糍寄梦匊》诗:"黄秫烂舂如切玉,醉人风味忍沾唇。火炉头话烦君举,莫作粘牙缀齿人。"这种白糍是将米饭和黄秫舂烂后加工而成的糕点。如添加艾青,则变成了苍翠欲滴的青色,就是我们今天常见的青麻糍。

粽子在宋代叫"裹㲈",也叫"裹蒸"。"甬上第一状元"张孝祥有个侄子叫张即之,是南宋著名的书法家,他的《引年得谢帖》中提到送礼有"裹㲈一篮"。

"分青",是制作青麻糍中"青"的一道工序

252

《资治通鉴·齐明帝建武三年》有宋人胡三省注:"今之裹蒸,以糖和糯米,入香药、松子、胡桃仁等物,以竹箬裹而蒸之。"可见裹蒸是在糯米中裹上好的辅料,以竹箬裹蒸而成。

对普通老百姓而言,常见的主食还是粥。陆游《食粥诗》称:"世人个个学长年,不悟长年在目前。我得宛丘平易法,只将食粥致神仙。"宋代雪窦省宗禅师曾提到,"粥饭随缘养病躯",认为吃粥有养生、养病之效。鄞州山多地少,所以吃粥也是为了节约粮食。南宋鄞籍诗人陈著曾因"贫困过极"而"食粥以苟旦暮"。

粥的原料可用米,也可用豆。宋人笔记《梦粱录》中提到的粥有:七宝素粥、五味肉粥、豆子粥、义粥、馓子粥,还有腊八粥。宋时,天童寺僧人也以粥作早点。在日本永平寺,如今还保留着白粥、白芝麻盐、腌萝卜的早餐习惯。永平寺的典座和日本驹泽大学总长大谷哲夫经考证后认为,在永平寺建寺之前,日本寺院里是没有这样的菜单的,这应该是道元禅师当年从天童寺学习佛法后传承到日本的。

二

宋代的饼食以汤煮为主,称汤饼。汤饼按做法不同,有面条、馄饨和圆子。陈著在《老兴行慈云醉中》一诗中,写到东钱湖大慈山僧人"饱我以银丝之饼"。他所说的"银丝饼",就是面条。

还有一些从外地传入的饼食。如有个叫陈表道的鄞县人到江西做官,回来时带了些江西的米缆送给楼钥。这是一种干浆米缆,卷作窝状，洁白光亮、细如丝线，就是我们今天在菜市场随处可见的粉丝土特产。烧煮时可加荤，也可加素。楼钥品尝后，特地写了首《陈表道惠米缆》诗，夸奖米缆味道鲜美："平生所嗜惟汤饼，下箸辄空真隽永。""江西谁将米作缆，捲送银丝光可鉴。"如今我们步入天童老街，会看到一家叫"阿彩姐牛肉面"的网红小店，做的就是面条和粉丝米线这种传统的汤饼。

馄饨，可见于陈著《次韵前人食素馄饨》一诗。素馄饨属于带馅煮饼，内以"豆腻"作馅，皮软而薄，被陈著视为贫寒人家的常食。而加荤的馄饨，除了用肉类作馅，还要配上"椒香"之类的作料。宋代馄饨的品种很多，而且制作精致，《梦粱录》中提到的有丁香馄饨、百味馄饨、二十四节气馄饨、椿根馄饨等等。

圆子属吉庆食品，圆形寓团圆、圆满之意。宋代，明州城乡风行元宵吃圆子。史浩有《粉蝶儿·咏圆子》和《人月圆·咏圆子》词，前者写美女以娴熟的手艺煮圆子，后者写大雪天趁热吃圆子的情景。那时的圆子，小的有酒酿圆子，大的也叫汤圆，是现在老街居民简单加工便可拿得出手的圆形食物。

由于汤饼的流行，宁波一带还形成了相关的习俗。如新生儿满月，要举办汤饼席。陈著《喜弟观得男弥月数句识之》诗云："弥月汤饼席，云集尊与少。欢极不知醉，老怀得倾倒。"当时过生日，也会请人吃汤饼。如楼钥日记中提到："十五日丁卯晴，生朝作汤饼。"宋朝诗人孙应时也有诗："快倒村醪供寿斝，也分汤饼及比邻。"

这种习俗代代相传，如今婴儿降生做满月、办满月酒，婴儿满周岁向亲朋和邻里送大肉面、长寿面等即源于此。

三

宋代鄞地的蔬菜品种，见之于史浩、楼钥、郑清之、戴表元等人的诗集，有冬瓜、茄子、菘、豆荚、芥、芹、荠、蒌蒿、笋、韭、菁、莼、姜、茭白、苋、芋艿、藕、蕈等30余种。史浩在《葬五世祖衣冠招魂辞》中提到了几种常见的蔬菜："紫芥绿菘，撷芳圃些。芹韭菁葅，配醢醑些。莼莹冰丝，鲈玉缕些。"袁燮作《园蔬六首》，其中一首有"白菘肥脆真佳品，紫芥蒙茸亦可人"之句。郑清之《蔬圃》诗也有"旱姜水芋年时熟，春薤秋菘意味真"之句。那时，鄞地百姓还采摘蕨、笋、莼、藜、薇、马兰、菌等山珍野蔬用于招待客人。王安石在鄞县任上所作的《寄伯兄》诗中说："安得先生同一饮，蕨芽香嫩鳖鱼肥。"

与现在一样，宋代肉类以鸡、鸭、鹅、猪等为主。但从相关记载看，宋人除了饮宴待客，平时很少吃肉。这固然与宋代佛教信仰普遍、士大夫推崇素食的风尚有关，更主要的还在于当时没有规模化养殖。宋室南渡后，明州地区成为移民迁居最密集的区域之一，人口暴增，所以肉的价格很贵。鄞县人薛唐有首《田舍作》诗："世业存五亩，家风守二南。适情无过睡，幽事不妨贪。母老厨增肉，朋来树选柑。每惭躬稼穑，未及野农谙。"从诗中看，他是一个拥有五亩田世业的隐士，生活条件一般，肉是买给年老的母亲吃的。宋人罗大经的《鹤林玉露》还记载了这样一个故事：仇泰然任四明太守时，与一幕官闲聊。仇问幕官："你家日用多少？"幕官答："十口之家，日用一千。"仇惊问："如何日用这么多钱？"幕官答："早食肉，晚吃菜羹。"仇感慨道："我当太守，平时也不敢常吃肉，只是吃菜。你为小官，而敢天天吃肉，可见你不是一个廉洁之士。"从中可见，当时连堂堂太守也舍不得吃肉，何况普通老百姓了。

吃不起肉，物美价廉的海鲜就成了鄞州人餐桌首选。北宋文学家舒亶有诗："南州几万家，舟楫江湖上。罾罗竭鱼鳖，方餍口腹养。"竭力夸耀明州百姓好口福。北宋后期任明州知州的韦骧曾说："四明……厨传绝修饰之劳。"意思是宁波人做海鲜不太讲究花样。宁波人做海鲜，喜欢咸齑清蒸，讲究海鲜的原汁原味。咸齑，在鄞东一带的种植和腌制历史非常悠远，今东吴平塘村旁建有宁波雪菜博物馆。陆游专门写过一首《新齑十韵》诗。清代李邺嗣《鄮东竹枝词》云："翠绿新齑滴醋红，嗅来香气嚼来松。纵然金菜琅蔬好，不及吾乡雪里蕻。"

宋代，明州的海产品数量多，价格便宜，南宋进士储国秀称之为"贱不论于分数"，是土人即普通老百姓享用的贱品。今天我们去菜场买菜可能要掂量掂量的虾、蟹、乌贼等，在那时是普通百姓餐桌上的寻常海味。晁说之有诗，说明州"乌贼家家饭，槽船面面风"。

这些海产品多产自象山港。自古以来，天童老街的太白庙门口,就是瞻岐合岙海鲜的集散地。小贩们每天凌晨两三点钟翻越瞻岐岭,来回数十里连走带奔,中途从不歇脚,去合岙贩来白虾、蛏子、青蟹等海货,回到彩虹桥后,下河埠往清水里浸一下,让鱼虾看上去新鲜透亮,然后在庙门口摆开摊头。

四

宋代明州流行的饮料主要是酒和茶。各集镇均开有酒肆,肆外酒旗飘扬。五花八门的节庆和会聚饮酒,在舒亶、史浩等人的诗词中有大量的反映。据《鄞县志》记载:"宋代,城西门大畈田之北有酿泉,其甘如蜜,遂设酒务于此,以双鱼酒最冽,贡于朝廷。"今王升大博物馆内有个酒文化展示区,详细介绍这种酒的酿造工艺,并将这种传统佳酿重新推向市场。

茶叶在那时属于紧俏产品。据《宋会要辑稿·食货二十九》记载,仅在绍兴三十二年(1162),明州府产茶510435斤,产量居两浙东路的首位。这些茶叶一部分作为上贡朝廷的"贡茶",大部分作为大宗产品销往海外。

当时,北方的金国也盛行饮茶,但北方缺少产茶区,只能大量从宋地进口。因为茶叶,金国的金帛之物源源不断流入南宋,引起女真统治者的担忧,于是出台了中国历史上极为罕见的"禁茶令",先是禁止七品以下的吏民饮茶。接着又规定只有亲王、公主及五品以上的官员才有资格喝茶,其他官吏和百姓一律禁止饮茶。

天童寺是佛教传播的圣地，更是禅茶一体兴盛的名寺。清代李邺嗣《鄮东竹枝词》云："太白尖茶晚发枪，蒙蒙云气过兰香。里人那得轻沾味，只许山僧自在尝。"宋代，上等太白山茗茶多在僧侣和文人士大夫中流行，他们是真正把饮茶作为艺术去创造和欣赏的群体。而在民间，尽管老百姓喝的是品级相对低一些的茶叶，但茶这种饮料也是家家户户日常生活中不可或缺的。

宋人饮茶，先把茶饼碾成粉末，冲以沸水，然后搅拌，称"抹茶"。搅拌之后，茶的表面会呈现种种奇特的花纹，或像鸡鸭，或似狮虎，或如花朵，或类昆虫，变化无穷，称"分茶"或"茶百戏"，它作为一种茶艺游戏，在文人墨客中很是流行。

日僧荣西两次入宋，先后在明州天童寺、阿育王寺和天台万年寺、临安灵隐寺学佛取经。他对茶特别感兴趣，回国后撰《吃茶养生记》，称："贵哉茶乎，上通诸天境界，下资人伦矣。诸药各为一病之药，茶为万病之药而已。"茶因此被日本人视为"神物"，荣西则被日本人奉为"茶祖""茶圣"。

五

历史上，天童街有施茶的传统。一年四季，那里都备有茶水，供过路客商、香客和村民饮用。烧茶的水取自于蔡家井、姚家井和清水潭。这是老街上较为有名的三口井，包括街上酒坊酿酒，也多从这里取水。

旧时，天童街施茶亭旁有块农田属天童寺所有。当时有条不成文的规定,哪户人家轮到耕作这块不用交租的田,烧茶的善事就由这户人家承担。它是历史上天童寺僧人和老街乡民乐善好施优良传统和朴素民风的见证。

2021年2月,宁波宏大电梯有限公司出资重建施茶亭。新建的施茶亭共两层,一楼可为往来行人提供免费茶水,在此休歇,二楼凭栏可以眺望远山,也可饱览老街风貌。

施茶亭新开张的那天晚上,老街居民自发摆下了一溜长桌宴,一个个村民端着点心和热菜进来,有文火慢炖了一个下午的红豆酒酿桂花粥,有自家做的臭冬瓜、腌萝卜、烤大头菜、圆子年糕汤、麻糍糯米块、灰汁团、乌米饭、梅干菜肉水饺,有鸡鸭鹅肉葱烤肉、虾蟹鱼蛤鲜蔬果……还有天童镴会民乐队的丝竹管弦来助兴。

盛了乌米饭和猪蹄大排

那天是冬至夜,大家围坐在18米长的桌子边,其乐融融,一起举杯,共祝老街未来更加美好。

这些小菜小点心,就是千年前文人士大夫聚会宴饮时的一道道美食。宋代,明州是文人、士大夫较为集中的地方,他们的聚餐除了品尝美味,还有酒酣耳热间的彼唱此和,尤其是占尽风情的月湖众乐亭,更是官员、文人盛宴之所。王安石《明州钱君倚众乐亭》诗云:"春风满城金版舫,来看置酒新亭上。百女吹笙彩凤悲,一夫伐鼓灵鼍壮。"可以想象,置酒于月湖众乐亭中,百女吹笙,一夫伐鼓,亭旁的湖上又荡漾着画舫,那是何等的精彩热闹。往事越千年,昔日王谢笙歌宴,今朝百姓寻常餐。

太白庙与天童镴会
宋代的慈孝文化

有宋一代,社会各个层面大肆渲染"孝行",极力推广"孝道",同时随着儒家对孝道理论论证的哲学化,佛、儒、道三家在孝道理论上互相融合,对上到皇帝,下到普通百姓产生了很大的影响。

"狸猫换太子"的故事世人皆知,加上戏曲和电视剧的传播,几乎成了正史。事实上,宋仁宗和刘太后的关系十分融洽,在仁宗18岁和20岁时,分别有朝臣上表称皇帝已经成年,请皇太后撤帘还政。而仁宗的做法是亲率宰相及文武百官去给太后贺寿,皇帝当着群臣之面给太后行跪拜礼,仁宗不顾众议,行此大礼的目的就是向群臣表明他与皇太后间的感情密不可分，皇太后临朝听政完全是他所支持的。

他追封生母李氏为庄懿皇太后（后改为章懿），那时距刘太后去世不过一个月。刘太后死后被谥为"章献明肃"皇太后，仁宗并没有剥夺这个谥号、将其移出宗庙，反而一如既往地祭祀如初。这两个谥号也挺有讲究，"懿"是品德美好的意思，给了李太后，而"献"则是奉献的意思，说明刘太后把自己的一生献给了大宋，献给了两代皇帝，是一心为公。

仁宗朝，鄞州也出了个叫沈起的大孝子。沈起考中进士后在外地做官，忽然听到父亲患重病的消息。沈起十分着急，恨不能马上回家。但宋朝没有请假制度，这让沈起犯了难。他想：我在外多年，父母养育之恩无法报答，万一父亲有什么不测，那就真的没有行孝的机会了。于是，他决定辞官。但在当时，辞官也要走很多的流程，得过很长时间才能审批下来。

沈起回家心切，干脆弃官回家，不辞而别了。父亲见到儿子，顿时喜出望外，病情有所好转，但没过多久，父亲还是去世了。在父亲最后的日子里，沈起悉心照料，也算是尽到了为人子的一片孝心。

沈起的上司因为他擅离职守，上疏弹劾，要朝廷治他的罪。但仁宗了解到沈起辞官的真正原因后，被沈起的孝心感动，作出了"观过知仁"的结论，认为沈起虽然犯了不告而归的错误，但他是为了看护生病的父亲，应该原谅，否则怎么激励子女孝敬父母呢？于是，不但没有治沈起的罪，还在沈起守孝期满后即任命他为海门知县。

上下五千年，孝道贯百代，慈孝文化已成为中华民族繁衍生息、百代相传的优良传统与价值观。

在天童老街，慈孝文化可谓源远流长，历久弥新。承载这种文化的一个重要载体，就是位于老街中心的太白庙。

孝为人本太白庙

"逢战乱，负母抱子寻天童；学圣贤，孝为人本胜太白。"这副对联刻在太白庙神殿的石柱上。据民国《鄞县通志》及庙内屏风上的文字记载，太白庙因地处太白山麓而得名。庙内供祀的不是下凡化为童子的太白金星，而是唐咸通元年（860）的一位孝子杜雍。

杜雍，字世杰，象山人。据史料记载，唐咸通元年（860），浙东战乱，裘甫攻占象山、侵扰鄞东，杜雍为躲避战乱，背着年迈的母亲，带着年幼的儿子从象山一路逃到鄞东。

当行至太白山麓小白岭东南方时，见后面有强盗追来，杜雍便让儿子躲进小白岭下广德亭旁的一块大岩石下。随后，他背着母亲逃到天童寺东南方向的三塘村，将母亲安置在南山的一个岩洞里。当他再次返回小白岭时，儿子已经不见了，只有几根带血的嫩骨和沾着血迹的童衣童裤，显然，幼子已命丧兽口。

这件事惊动了乡里，人们都为他的不幸感到悲痛。后来，杜雍隐居在天童街清水潭旁边，开荒种地，养猪养牛，辛勤劳作。在侍奉母亲的同时，为左邻右舍和当地老百姓做好事，得到了乡民称赞。杜雍去世后，众人感念他的慈孝，就在童一村对面的蔡家岙、俗称"狮子口"的地方建了座小庙奉祀。

百年前的太白庙戏台

明朝崇祯年间（1628—1644），天童街的徐东磐官居御史，考虑到村民每年祭祀时涉水过溪不便，就联络蔡、王、徐、谢、应五姓，将小庙迁建于溪北清水潭侧，并命名为太白庙。庙宇三进、院落二进，面向天童街，由大门、戏台、厢房、大殿等组成，总长约87米，占地面积1500余平方米。此外，还在距太白庙5里的三塘头建了一座顺娘庙，用以奉祀杜雍之母，并将离庙3里处杜雍之子丧生的大岩石命名为"相子岩"。

清嘉庆二年（1797），太白庙首次扩建，形成从老街通向山脚的建筑群。自南向北有路亭、前天井、头门，接下去是过道、中天井，包括一棵千年银杏、仪门。从仪门起，由原来面宽三开间扩大到五开间，其中有戏台、后天井。神殿又增左右偏殿，于是太白庙成为入口小、后进宽大的口袋状建筑群。清咸丰六年（1856），又扩建头门和仪门。

1931年，太白庙及戏台再一次整修，天童寺方丈圆瑛法师在庙门口立了施茶碑。后来，村民又将仪门翻建成两层楼、双卷棚，在后天井增设4根方斗式旗杆，使通体朱砂外墙护围的太白庙显得庄严而肃穆。庙内戏台由10条方形石柱承托，宽、深各5米，高2.1米。顶部藻井依然是螺旋娥罗顶，直径2.8米。戏台前匾额刻"尧乐天"，檐下斗拱全都彩画贴金，檐下额枋绘有30幅戏曲场景画，支撑台顶檐角的牛腿刻有"狮子衔剑"，石柱刻"佞直忠奸，明看他一台青史；悲欢离合，隐示人片刻黄粱"对联。

正对戏台的神殿，五开间二偏殿，地面比戏台高出近1米，故在神殿看戏，既遮风雨，又免日晒，视线也与戏台高度相适应。

太白庙

神殿中心位是"侯王顺德府君"杜雍,故庙内很多对联都写这方面内容,如"杜孝美德后继承;借地育才菩萨心"等。

太白庙头门、仪门设置两道高达半米的门槛,进门后马夫和神差瞠目而视,整体氛围肃穆。在民国年间留下的鄞州353座民间神庙中,太白庙是保护比较完好的一座,1986年被列为区级文保单位。

一道民俗文化的盛宴

有了太白庙,就有了当地的一道民俗文化盛宴——天童镴会。

镴会,是民间庙会迎神赛会的一种形式,同时也是集艺术、祭祀、商贸等于一体的大型民俗文化活动。镴是锡与铅的合金,在古代,镴制器皿、餐具和各种工艺品等,不仅光亮柔软,又防虫防潮、不易生锈,都属于贵重物件。因此,镴制品作为会器用于祭祀杜孝子,是天童百姓对他的一种敬仰。

旧时,天童镴会有8个会社,如天童村的庆云社,童一村的皆宜社、聚升社、梦渔社等。"会"则是社以下的基层单位,如坐堂会、炮铳会、莲灯会等。每个会又都有自己的会器,比如天童村庆云社就有2面铜锣、24盏镴会,图案是杨家将等人物。据记载,当时全会共有镴器140多件,每件约在8—10公斤。

过去,天童镴会整个会期较长,从农历九月初一开柱首会到迎赛结束,长达17天。其中庙会活动3—7天,庙会演戏贯穿始终,十分热闹。农历九月十六当天就是庙会举行的日子。凌晨2时起祭祀，6时许游艺开始，伴随着鞭炮声、乐器声，几十支游艺队伍浩浩荡荡走村串巷，祈祷风调雨顺、国泰民安。

天童镴会历300余年而不衰。后因日寇侵占宁波，行会被迫中止。新中国成立以后，当地乡民将镴器卖掉用作农会和农村剧团的经费，天童镴会自此匿迹。

2012年，中断了63年的天童镴会以弘扬民族文化、传承孝道、倡导尊老爱幼文明新风尚为宗旨，将传统文化与现代文明紧密结合，推陈出新。虽然会期缩减至1天，但各式镴器、纱船、抬阁，以及各方文艺团队共襄盛举，又为镴会注入了新的文化内涵和表演形式。

2014年5月，天童镴会被列入鄞州区非遗名录；次年，又被列入市级非遗名录。

2019年11月14日，在时隔5年之后，东吴镇再次举办天童镴会，吸引了上万群众赶来观看。

这次行会，由马灯队、纱船队、采茶舞队、舞龙舞狮队、腰鼓队、汉服走秀队等20多个民间文化巡游方阵组成，整支队伍绵延3公里。游行队伍从太白庙出发，先后途经天童、三塘、童一3个村，走街串巷长达7公里，最后返回整治一新的天童老街。一路上，锣鼓喧天、万人空巷。

作为行会主角，这次镴会的镴器除了十八般武艺、花亭、茶亭、百鸟朝凤阁、古桥台亭以及八仙过海、大头和尚、十二生肖、年年有鱼等人物以及吉祥图案以外，还新增了12盏镴灯。

老街盛会（龚国荣摄）

当天晚上，在新落成的太白湖文化广场上，鄞州越剧团带来了根据杜孝子故事改编的越剧《杜孝子传》的精彩演出，逾千名群众观看了表演。

一场阔别已久的传统民间民俗盛会，不仅满足了当地群众的多年期盼，对于 2019 年的东吴镇来说更是意义非凡。这一年，天童老街完成整治，全体东吴人抵御住了超强台风"利奇马"的侵袭……所以当行会行进的时候，所有人都倍感自豪。

不忘"孝"心继续前行

提到天童镴会，就不能不提到它的非遗传承人史东初和陈世红等老街居民。

2012年,顾优娥、戴武玉等一批老年村民找到了东吴镇文化站原站长陈世红,提出希望能够恢复中断数十年的天童镴会。

于是,陈世红想到了史东初,因为史东初有手艺,人又热心,而且亲历过60多年前最后一次的天童镴会。很快,对地域文化饶有兴致的两人达成了共识。

曾经使用过的镴器早就已经卖掉,史东初、陈世红就拉着大家一件一件重新做起来。镴器样式,是他们参照相关文献记载精心设计的。他们还从永康请来一位师傅帮助制作镴器。在三塘村经营工艺厂的王志祥也加入了他们的行列。

就这样,他们耗时3年,重新打造了百余件镴器,使天童镴会的会器规模基本成型。史东初还发挥自己资深老木匠的优势,钻研和制作了一批抬阁、纱船。

办好天童镴会,更要讲好杜孝子的故事。2018年底,随着新一次的天童镴会筹备工作启动,史东初等人又萌生了编排一出原创戏剧的想法。

此前,他们多次前往象山寻访杜雍的事迹,不断丰富杜孝子的故事内涵。

2018年,他们在象山县定塘镇叶口山村也发现了一座太白庙。叶口山,原名逸狗山,上世纪30年代,该村围海填塘建新村时,曾得到过五乡、邱隘等地一些工匠的支持,两地因此交往频繁。后来,象山那边的村民在天童太白庙了解到了杜孝子的故事,并得知杜雍是象山人,很是敬重,于是在1934年初,在山旁兴建了一座同样的太白庙。

2019年5月,在东吴镇党委、政府的支持下,他们请来市戏剧家协会、市电影家协会名誉主席戚天法及市文联戏曲家协会秘书长李钦祥、鄞州越剧团原二级演员吕碧云等业内资深人士参与编剧、制作,并从村民中挑选了4名演员和10余名乐队成员进行排练。当这出戏在太白庙首演时,前来观看的村民人山人海,还吸引了央视戏曲频道节目组到天童采风拍摄。

随后,《杜孝子传》被纳入东吴镇群众文化精品节目库,不仅在本镇演出,还到周边镇街巡演,并被推荐参加省级和全国民间职业剧团比赛,成为当地民俗文化和慈孝传承的一张亮丽名片。

老街社戏

"微改造"还原老街宋韵味

宁波俗语中,形容地名的有"东乡十八隘、南乡十八垛、西乡十八㟏"之说,形容集市有"东乡十八街"之说,形容鲍盖庙有"东乡十八庙"之说。"十八"是个概数,表示数量之多,当地人称天童街为"东乡十八街"之一。但从历史与文化积淀看,它是名副其实的"鄞东第一街"。

据热心天童地域文化的王瑞海老人回忆,他小时候,北仑三山、峙岙、杨岙、蒲岙及鄞州瞻岐、合岙的人去宁波,都得从天童街经过,天天川流不息。

夏秋之交,杨岙的黑皮西瓜上市,近100公斤一担的西瓜光滑锃亮,每天都有三四十人挑着担子,嗨哟嗨哟地过街。

金秋时节,三山金柑上市,金柑装在长筐里,挑担的人,担前挂着竹编的饭箩。每人都有一个铁垛挂。所谓铁垛挂,就是木棍下面包了块厚厚的铁皮。当他们快到太白庙时,领头的拔下肩头垛挂,拖在地上,铁皮在石头上拖滑,发出哗啦啦的声响,接着第二个人、第三个人依次而拖,这是休息的信号,于是,几十担金柑在太白庙南熏亭(施茶亭)前歇下。挑重担的人流汗多,大家就在施茶亭的茶缸里喝上几竹管茶水,休息约20分钟,然后过小白岭,去小白河头。

每年四月初五到初十,来自宁波及舟山等地的香客三五成群,络绎不绝。他们肩背黄袋,胸挂佛珠,边走边念。更有人从小白岭上开始,三步一拜,一直拜到天童寺门口。也有年纪大的,或小脚女人,走不动,就出钱坐在元宝篮里,去天童寺。

清明前后,学生春游,整齐的队伍、一色的校服,一面面校旗迎风招展,校旗后面是乐队。学生们一进老街,洪亮的鼓乐声伴随着整齐的步伐,从村口一直热闹到僧学堂。

那时候,太白庙附近有德顺饭店、董东福饭店、柯顺兴客栈兼小饭店、同和咸货店、戴万顺棉杂商店、徐启章百杂店、万寿堂中药铺、徐梅青肉铺、土制卷烟作坊等大小商肆数十家。饭店之中,要算德顺饭店生意最为兴旺,两间屋面,四五张方桌,天天客满。店主阿姐笑容可掬,彬彬有礼,以价廉菜美赢来不少回头客。太白庙门口,则是瞻岐、合岙海鲜的集散地。

下街的小唱门口同样热闹非凡。这里有同盛里店铺,有打铁店、大饼摊。唱新闻的,手拿一面小铜锣,坐在店门口,边敲边唱,将各地的新鲜事编成顺口溜,既有内容,唱词又很押韵,吸引了很多听众。也有两人一起的,站在石阶上,唱起动听的宁波滩簧(甬剧前身)。边上有各类卖糖葫芦的。同盛里两间屋面,白天、晚上人坐得满满的。

那时候,"铜钿银子"就像天童溪里的水,白花花地流淌,山货起运、交易通达、戏台缤纷、人流穿梭。可随着岁月流逝,交通几多变化,天童街昔日繁华也如淙淙溪水,一去不返,曾经的必经之路变得无人问津,商店关了,年轻人搬出去了,往日的车水马龙成了人们心中一抹难以割舍的乡愁。

曾经的"第一街",就这样湮没在历史中,实在令人惋惜。盼重聚人气,回归昔日繁华,是老街居民共同的心声。

随着国家乡村振兴战略的实施,古老的有文化价值的村落越来越成为焦点,废弃的得以保护,忽略的受到重视,古老的焕发出新的生命。在这样的背景下,老街居民们几十年来的梦想,在不经意间迎来了实现的这一天。

2019年,东吴镇在小城镇环境综合整治中,决定重点打造天童老街,通过提取老街特色元素,再现老街的传统风貌。

得知这一消息后,王瑞海老人心情非常激动。从那天起,他和几个热心村民一起挖掘老故事,几易其稿,还原天童老街的旧时模样,太白庙、徐家墙门、御史坊、施茶亭、僧学堂、下书房、王双和、小唱门、石墙门、史家桥、蔡家井……在他们的笔下,曾经的老街道、老店铺、老凉亭,还有那些不见了的古宅、老桥及集市、庙会、社戏等中国南方古镇中特有的元素,都是那么清晰和具体。他们挖掘的这些历史元素,许多被重新复原,成了现在的网红打卡点。

共建共治,打造美丽家园。越来越多的热心村民参与到老街

王瑞海

的改造中。在多股力量汇成的交响声中，清水砖墙、竹编风铃、老屋古井等风景重现，一栋栋老房子"修旧如旧"，新修整的石板路宽阔笔直，长年累月的卫生死角被彻底清除，转角处景观小品跃入眼帘。老酒坊、剃头店、糕点店等重新开业，牛肉面、乌米饭、麻糍、松花青团、木莲冻、灰汁团、碱水粽、黄馍糕……这些原汁原味的宋韵小吃，在这里都可以品尝到。

目前，老街沿线已有宋韵书房、抹茶馆、宋代汉服馆、"松隐"非遗竹根雕生活馆、海丝寻迹文化馆等多家文旅产业特色店铺。千年前的宋韵风味在这里逐渐清晰，展现出别样精彩。东吴镇还通过靶向引才，吸引更多城市精英人才入驻：挂牌成立中央音乐学院全国首个乡村音乐教室，携手宁波大学打造大学生创新创业基地……

2022年10月落户的"新华书店·山外"，是宁波市首个乡村阅读公园。书店使用面积达735平方米，内有高达10米的巨型书架，将"禅意"融于设计。书店外设有休闲座椅和天幕帐篷等设施，读者可以在青山绿水之间远离城市喧嚣，品茗、读书，享受"山外"风光。

绽放新活力的天童老街，已经成为东吴"文旅靓镇"战略实施的重要支撑，成为湖光山色"绿水青山"实践线、太白蓝湾"山海振兴"线、海丝商贸复兴线等多条精品线路（风景线）沿线的一个"美丽产业"基地。

2021年12月29日，天童老街获评国家3A级旅游景区，是木批次旅游景区中历史最悠久的一处。古老的街巷，就如何保护提升文化遗存给出了铿锵有力的回答。

附：天童街部分文化景点

施茶亭

也叫"南熏亭"。上世纪30年代由天童寺住持圆瑛法师等建立，今太白庙大门左侧墙上嵌有圆瑛法师所书《太白庙前施茶水记》石碑。

彩虹桥

建于1934年，南北向横跨天童溪，三孔两墩，长25.7米，宽2.9米，桥面两侧设仿木水泥栏杆，是当时山区农村难得一见的水泥桥。桥有款"甲戌六月"，由宝幢陆宗高等人出资，上三塘陈土来承建，初期桥头立有石碑，记载资助者姓名及桥梁承建概况。桥额"彩虹桥"3个行书大字由中国佛教协会首任会长、天童寺第164代方丈圆瑛法师亲题。桥头一古树至今枝繁叶茂。

徐家祠堂

建于清代，位于天童街上街东段。上街从纪家弄至僧学堂，以徐、陈两姓为主。徐姓是望族，明朝时出过2个进士，均官拜御史。祠堂大门边放置着一对石鼓。内有戏台、厢房。大堂内高悬由毛佩卿先生用颜体字书写的"两世进士"金字匾额。

紫荆门院落

徐氏宗祠的一部分,为完整院落,面积约 500 平方米,现有 5 户人家居住,民居为清代建筑。

徐家大墙门

为明代建筑。大墙门内居民大多姓徐,有房 160 多间,内有大祖堂,堂前铺石板,东西是两排整齐的楼房。据传,此地原是一大片水竹林,先祖选择水竹茂盛之地建宅,是想让后裔也如水竹般快速繁衍。如今,徐氏是天童街第一大姓。

谢家大宅

为清代建筑,坐北朝南,合院式结构,占地约 927 平方米,整体布局呈"L"形,分前后两院。后院由前后两进、左右厢房及偏房组成,正门位于前院、天井南侧。民居格局完整,建筑气势恢宏,梁架、门窗雕刻精美,是一处布局精巧的江南民居建筑。

御史坊

建于明万历七年(1579)。明代,徐家先后有两人官拜御史。村东山脚下有两座陵寝,前御史安葬在山下沿,后御史长眠在离象仙殿不远的山脚下,墓前均立有高大的石牌坊。前御史陵的路边还建有小石牌坊和碑记,被称作"小牌碑前"。上世纪70年代建天宝公路时拆除。2015年,在孝伦饭店前方公路南侧复建。

僧学堂

1929年由天童寺出资建造,为二层楼房,共七间,房顶呈四棱台形(稻桶形),正屋前是操场。起初作为天童寺物资暂储处和朝圣者去天童寺途中歇息之地,后改设学堂,供小和尚和天童街适龄儿童读书之用,贫困子弟则给予免费入学。抗战时期改为难民居留处。1940年春,天童街东西两村学校合并,校舍设此,名为太白乡第二中心学校。1950年10月,学校改名为天童乡中心小学,所以也是天童小学的前身。

下书房

始建于明代,楼坐西朝东,屋顶飞檐翘角,是明朝徐御史设的私塾。此墙门在解放初遭国民党飞机轰炸,一徐姓女子不幸遇难。

水龙会

上世纪30年代由宁波著名工商业家王稼瑞出资建立。水龙是旧时城乡普遍使用的一种杠杆式消防器具,状似特大号的腰圆形水桶,桶的中间装有一个压水器具,一支圆木杠杆横贯其上,左右按压杠杆,水便从铜制龙头中喷射而出。旧时称配备这类器具的消防组织叫"水龙会"。水龙会没有固定的消防队员,村民都是义务消防员,三塘、勤勇、天童街一带都是消防范围。该消防水龙曾扑灭过天童寺的一场火灾。

万寿堂

开设于上世纪40年代中期,为天童街上名气最大的中药铺,店主名叫史久良,曾任当时的太白乡乡长。那时候天童街有药店3家。1956年公私合营后,原德兴堂的史瑞祥以综合商店集体名义接管万寿堂。

新华书店·山外

2022年10月31日,天童老街沉浸式众阅空间——"新华书店·山外"开业。作为宁波首个乡村阅读公园,"新华书店·山外"集书店经营、文化消费、空间赋能、

新华书店·山外

文旅融合为一体,同时融合东吴独特的"禅意"文化,让市民和读者既可以欣赏湖光山色,又能体验到静谧的书香阅读。

"新华书店·山外"占地面积367平方米,使用面积1000平方米,内有高达10米的整面书墙,将禅意融于设计;户外还有休闲座椅,搭建了天幕帐篷。书店的开业增加了天童老街的人气,丰富了村民的精神文化生活,也助推了乡村的文化振兴。

蔡家祠堂

位于蔡家弄口上首。该祠堂范围大,但堂屋简单,只有大堂,没有厢房、戏台与门楼,预留了一大块空地基。祠堂建成至今已有300多年,是天童街三祠之一。几经演改,目前成为木工研习所。

天童蔡家祖上来自潘火桥蔡家,大约在明末崇祯年间(1628—1644)到天童定居。

王双和

始建于清代,是当时天童街名声很大的"茶行"。王姓店主本来并不做茶叶生意,一次,有位上海客商路过他家要口水喝,他用蔡家井的水泡了碗野山茶送上,客商喝后连声称赞,说天童的茶这么好,希望和他合作做茶叶生意。于是,王姓店主开始收购天童及瞻岐一带的茶叶,加工后由上海客商包销。后来,生意越做越大。

金华宾馆

原是一幢木结构小屋,是过去金华、兰溪一带来鄞东打铁、打镴等手工艺人逢年过节的聚会之处。

王氏吉房

民国时期宁波工商业家王稼瑞为供父亲养老所建。王稼瑞,天童人,上世纪二三十年代先后在宁波和上海创办了恒丰印染厂、恒丰织布厂、火柴厂,在沪甬两地印染纺织行业中独占鳌头。该房主体坐北朝南，为一幢重檐硬山顶楼房，面阔五间两弄，明间进深八柱八檩，次间进深七柱八檩，梢间进深六柱八檩，均为穿斗结构，传统文化气息浓厚。解放后直至1992年撤区并乡，一直是天童乡政府驻地。

石墙门

居住的是天童街王氏宗祠永思堂的一个分支。这里出过一位叫王家安的革命烈士。据传，墙门里还出过多位进士。其中一位武进士为国捐躯，当地县令根据朝廷旨意，在二四房门口立石墙门纪念。旧时，王家祠堂正大殿有块御赐牌，是皇帝对武进士的表彰。

王家祠堂

始建于清康熙年间（1662—1722），堂名"永思堂"，上首位是进士匾，下首位是登科匾。清嘉庆年间（1796—1820）又增修戏台及两旁廊屋。上世纪40年代宁波工商业家王稼瑞重修。王氏族谱记载："吾族自临川荆国公分派以来，徙居四明。历宋至元，而有仁五公徙居于此，为天童起族之始祖。"

新凉亭

上世纪20年代为方便过路客商歇息而建，初名"福善亭"，共三间屋面。亭内置有板房茶室，由善男信女免费施茶。上世纪20年代，军阀政府在此设"盐务稽征站"，有稽征人员3名、警察 2 名，巧立名目征税，引起群众不满和抗议，警察开枪打死村民应云法，愤怒的群众将该警察捉到上街南薰亭为死者守孝，稽征站其余人员四散逃跑，稽征站也因此撤销。

广德亭

村民一般叫相子岩凉亭。朝东，三间屋面。亭之东由四根石柱支撑，石柱与石柱之间用木条连接，供路人歇息。小白岭古道穿亭而过。亭周边是传说中太白庙神杜雍失子的地方。亭子前 100 米处有块石岩，是杜孝子负母避难之处。

相子岩

小白岭脚下有块大石头，叫"相子岩"。传说，1000 多年前，杜孝子背母携子逃难到天童，翻过小白岭已是精疲力尽，于是让幼儿在岩边歇着，自己背着双目失明的母亲到天童安顿，再返回接儿子，儿子已被老虎吃掉，岩石边只留下衣服和血迹。后来，随着杜孝子被天童人尊奉为太白庙神，这儿也成了神坛古迹，常有人到此烧香祭祀。

万福桥

又名天童桥，在剁柱岭北侧，是天童至画龙的必经之路。原桥位置在现天童桥西 80 米处。1910 年由邹家屋后的小庵住持相山和尚经 4 年奔波募建，有居士马汝霖等善男信女乐助银洋 800

余元，于 1914 年竣工，建成二墩三孔双条石桥梁，桥高 3 米，长 10 米，宽 0.8 米。1949 年被洪水冲毁，1950 年由村民王阿木牵头，在原桥位置西移约 20 米重建。1972 年 4 月又在原址东 100 米处建成新型双孔水泥钢筋桥。

清水潭

有 700 多年历史，为天童街最为清澈的三个井潭之一。据传，该潭原属戴家人所有，元时，戴、王两家联姻，戴家将此潭作为嫁妆划归王家，但仍为全村各姓共用。数百年来，洪水多次漫上天童街，清水潭却安然无恙。至今，潭水清澈程度仍在天童街各井潭之上。

史家桥

建于清代，用厚石条搭建，初建时长 20 余米，正对纪家弄。天童街纪姓人家不多，以史姓居多，史家祖堂就在纪家祖堂前面。古时候，纪家弄直出的溪坑相当宽阔，人们要去门前垟种田，必须经过这条溪坑。于是史家人出钱出力建造了这座桥，桥亦定名为史家桥。相传，旧时桥头有老虎出没，曾咬死过一个二十几岁的年轻人。

蔡家井

天童街的特色是，每隔百余米总有古井。蔡家井、姚家井和清水潭是三口最为著名的井,井水清澈,尤以蔡家井为上乘。当时街上有蔡恒方、王子安等多家酒坊,酿酒所需用水大多取自蔡家井。蔡家井的水称得上是天童街最好的水。

史家井

位于天童溪畔的巷角里,据说街头相传的"你父亲不如我父亲,你儿子不如我儿子"的戏言就出自这里。原来,明朝万历年间,徐家出了一个御史,后来他的孙子也中了进士,可他的儿子功不成、名不就,被人称为"白身人"。"白身人"不求上进,每天到处闲逛,有一天坐在这口水井边休息,正好他父亲来到这里,忍受不了他的纨绔行为,大骂他没出息。他于是讲出了上面那句老街流传的诡辩之词。

史家井

第九章
宋诗宋碑

宋韵东吴
SONGYUN DONGWU

深山藏古寺,宏丽甲东南。随着高僧的行迹,宋代的文人墨客也纷纷慕名而来,以诗画齐秀天童寺的山山水水。

时任鄞县知县的王安石谋政来了。他脚踏实地丈量考察这里的每一个地方,留下了多首诗文佳作,表达了他对太白山水的赏爱之情。

王安石的诗,往往以诗理见胜,显露了诗人的一些个性。如他在天童寺所写的《虎跑泉》(利济泉)诗,写利济泉为山中寺僧供厨煮浴、转磨鸣春,然后流出山中,流进田里,造福于百姓。全诗写出了利济泉崇高的"利济"品格,可以看出,这正是诗人崇高人格的自我写照。

继王安石之后,舒亶、史浩、陆游、范成大、张孝祥、楼钥、日僧千光荣西、袁燮、谢翱、王应麟、薛嵎等一个个溢满生命芬芳的宋代诗人都向着这里款款走来……于是,二十里松好风光,一路禅意一路诗。

太白岭

〔北宋〕王安石

太白巃嵷东南驰,众岭环合青纷披。
烟云厚薄皆可爱,树石疏密自相宜。
阳春已归鸟语乐,溪水不动鱼行迟。
生民何由得处所,与兹鱼鸟相谐熙。

天童山溪上

〔北宋〕王安石

溪水清涟树老苍,行穿溪树踏春阳。
溪深树密无人处,唯有幽花渡水香。

天童道上

〔北宋〕王安石

山山桑柘绿浮空,春日莺啼谷口风。
二十里松行欲尽,青山捧出梵王宫。

忆鄞县东吴太白山水

〔北宋〕王安石

孤城回首讵几何,忆得好处长经过。
最思东山春树霭,更忆南湖秋水波。
三年飘忽如梦寐,万事感激徒悲歌。
应须饮酒不复道,今夜江头明月多。

虎跑泉

〔北宋〕王安石

供厨煮浴方成沼,转磨鸣春始到田。

还了山中清净债,却来尘世作丰年。

(注:虎跑泉,又名利济泉在天童寺西侧,佛迹石下。)

作者简介:王安石(1021—1086),字介甫,号半山,抚州临川(今江西抚州)人。庆历二年(1042)进士。庆历七年(1047)知鄞县,任内兴修水利,发展经济,倡立青苗,实行保甲,重视教育,为变法积累了宝贵经验。神宗时为相,推行农田水利、青苗、均输、保甲、免役、市易等新法。诗文并茂,有《临川先生文集》等。

寄天童凝和尚

〔北宋〕释重显

经旬抱疾阻春霖,莎砌重重藓晕侵。

曾约偕游未能得,暮山空锁碧云深。

(注:凝和尚指天童寺住持子凝禅师。时天童寺称景德禅寺。)

作者简介:释重显(980—1052),字隐之,俗姓李,赐号明觉大师,四川遂宁人。嗣法于北塔光祚禅师。天禧年间(1017—1021)至杭州灵隐寺,后居明州(今宁波)雪窦寺,住持近30年,为中兴云门宗的一代宗师。著有《祖英集》《瀑泉集》《拈古集》《颂古集》各一卷。

再游天童山回同吴与权诸友夜集

〔北宋〕舒亶

太白崭岩几百尺,仙人一去无消息。
临云时复倚栏干,独看千峰万峰碧。
昨夜长须城里回,报道湖上秋风来。
醉园雨过月台冷,篱根白菊看看开。
却杖青藜趁流水,目送征鸿下山嘴。
蓬船答浪绕丛芦,咫尺烟汀几万里。
忽见江头江月白,纷纷笑语城东陌。
一樽北酒一枰棋,未到懒堂犹是客。

太白峰

〔北宋〕舒亶

千峰下视尽儿孙,仙事寥寥不可闻。
长作人间三月雨,请看肤寸岭头云。

临云阁

〔北宋〕舒亶

高僧终日笑凭栏,亦似无心懒出山。
几度海风吹散雨,坐看彩翠落人间。

题天童

〔北宋〕舒亶

日日青鞋踏白沙,未应泛艇即灵槎。
雨溪清越鸣哀玉,风蔓蜿蜒动暗蛇。
晓润芝箜挑秀茁,午香茶灶煮苍芽。
玲珑仙客知何在,千古烟霞自一家。

玲珑岩

〔北宋〕舒亶

诡形迥与万山殊,空洞由来一物无。
直恐虚心自天意,人间穿凿枉工夫。

（注：玲珑天凿，天童山十景之一，在天童寺西南，康熙《鄞县志》卷五载"其上多石窗岩窦，外峭中空，傍穿欹入，错落犹累叠然"。旁有更幽亭。）

龙池

〔北宋〕舒亶

灵踪聊寄数峰云,雨意含云白昼昏。

不用高僧时咒钵,一泓长贮万家村。

(注:龙池,又名龙隐潭,在太白山顶峰上,潭水清澈可鉴,晴旱不涸。)

响石

〔北宋〕舒亶

渊明休弄没弦琴,混沌中含太古音。

闻说几回风雨夜,四山浑作老龙吟。

(注:响石,据明李濂《游东湖、阿育王山、天童山记》载:"东行一里曰中峰,亦佳秀,世称小天童。西曰玲珑岩,岩西南曰响石,叩之,冯冯有声。")

佛迹

〔北宋〕舒亶

苍崖绝壁印苔痕,陈迹千年尚似新。

杖履纷纷走南北,几人不是刻舟人。

(注:佛迹石,在天童寺西北侧,龙隐潭下山腰里。另一处佛迹石在阿育王寺佛迹亭前。)

作者简介：舒亶（1041—1103），字信道，号懒堂、亦乐居士，明州慈溪人（其籍贯地现为浙江余姚市大隐镇），居于月湖。治平二年（1065）进士。历任审官院主簿、御史中丞等职，后坐罪废斥。崇宁二年（1103），出知南康军。诗文多散佚，张寿镛辑有《舒懒堂诗文存》三卷。

次韵鲍以道天童育王道中吴体

〔南宋〕史浩

迸云佛塔金千寻，傍耸滴翠玲珑岑。
春供万象当远目，响答两地纷啼禽。
风摇野帻去复去，露浥乳窦深尤深。
寄声俊逸鲍夫子，莲社不挂渊明心。

作者简介：史浩（1106—1194），字直翁，号鄮峰真隐，明州鄞县（今浙江宁波）人。绍兴十五年（1145）进士，累官参知政事、尚书右仆射、同中书门下平章事兼枢密使。著有《尚书讲义》《鄮峰真隐漫录》等。

题天童山宿鹭亭

〔南宋〕陆游

疏钟迎客到溪亭,碧瓦朱栏相照明。

想得松阴排万衲,篮舆放处恰诗成。

题天童山更幽亭且似未到玲珑为恨

〔南宋〕陆游

攀石扪萝到更幽,玲珑咫尺懒穷搜。

旁人不会当时意,为欠门生作伴游。

[注:以上二诗是陆游于绍兴三十一年(1161)春夏之交游天童山、育王山后所作,与《题育王山明月堂》合为《和曾待制游两山》三首,见于《剑南诗稿》卷一。]

咸齑十韵

〔南宋〕陆游

九月十月屋瓦霜,家人共畏畦蔬黄。

小罂大瓮盛涤濯,青菘绿韭谨蓄藏。

天气初寒手诀妙,吴盐正白山泉香。

挟书旁观稚子喜,洗刀竭作厨人忙。

园丁无事卧曝日,弃叶狼藉堆空廊。

泥为缄封糠作火,守护不敢非时尝。

人生各自有贵贱,百花开时促高宴。
刘伶病醒相如渴,长鱼大肉何由荐。
冻齑此际价千金,不数狐泉槐叶面。
摩挲便腹一欣然,作歌聊续冰壶传。

作者简介:陆游(1125—1210),字务观,号放翁,越州山阴(今浙江绍兴)人。孝宗时赐进士出身,历官礼部郎中兼实录院检讨官、宝章阁待制。著有《渭南文集》《剑南诗稿》等。

天童三阁

〔南宋〕范成大

松萝幂天堕空翠,迎面风香三十里。
层宫亭亭隔瑶水,碧瓦琼榱五云里。
千佛当门无半偈,声闻未解祖师意。
遍参踏破青鞋底,前楼后阁玲珑起。
闲客那知如许事,东斋听雨烂漫睡。
觉来一转聊布施,普请云堂来拟议。

自育王过天童松林三十里

〔南宋〕范成大

竹舆窈窕入萧森,逗雨梳风冷客襟。

翠锦屠苏三十里,不知脚底白云深。

作者简介:范成大(1126—1193),字致能,号石湖居士,苏州吴县(今江苏苏州)人。绍兴二十四年(1154)进士。淳熙七年(1180)为明州知州。著有《石湖集》等。

同王原庆知道游天童

〔南宋〕楼钥

旧游曾记梦中身,一日重来白发新。

行尽杉松三十里,看来楼阁几由旬。

狎鸥亭外波澜阔,宿鹭池边草木春。

自笑赋归如许久,始来此地作闲人。

作者简介:楼钥(1137—1213),字大防,号攻媿主人,明州鄞县人。隆兴元年(1163)进士,官至参知政事。著有《攻媿集》等。

过东吴

〔南宋〕史弥应

出郭乘清兴,扁舟一迅风。

山光真黛比,水色与天同。

宿鹭班班白,寒枫处处红。

谁知吾胜概,名冠甬句东。

[注:本诗一作史浩诗,题作《次韵孙季和东湖二诗》(其一)。]

作者简介:史弥应,字定叔,号自乐山人,明州鄞县(今浙江宁波)人。弥忠弟。嘉定七年(1214)进士,知连州。有《自乐山翁吟稿》,已佚。

谒虚庵怀敞禅师

〔日本〕千光荣西

海外精蓝特特来,青山迎我笑颜开。

三生未朽梅花骨,石上寻思扫绿苔。

作者简介:千光荣西,俗姓贺阳,号明庵,日本冈山县人。淳熙十六年(1189)随师虚庵禅师到天童寺,继承临济正宗法脉,为日本临济宗创始人。

天童道上二首

〔南宋〕袁燮

嶪岌崭岩太白峰,高名千古独称雄。
放怀拟向山头立,宇宙都归一望中。

太白峰前三十里,古松夹道奏竽笙。
清辉秀色交相映,未羡山阴道上行。

作者简介:袁燮(1144—1224),字和叔,明州鄞县(今浙江宁波)人。宋代教育家、哲学家。早年入读太学,淳熙年间(1174—1189)进士及第,调任江阴尉。迁太学正,当时党禁兴起,因非议去职。后来历仕司封郎官,迁国子监祭酒。后为礼部侍郎,因与权相史弥远争和议,被罢官回乡。袁燮博学,学者称其为"絜斋先生"。著有《絜斋集》。

万松道中望南太白

〔南宋〕谢翱

筍舆行万山,中有十里亭。
老树只一色,野公逾百龄。
柴关当太白,药气近樵青。
冈草粘枯翼,巢枝落退翎。

期探幽谷水,共斫松根苓。
艾纳下天雨,尘风吹冥冥。

雨宿太白
〔南宋〕谢翱

城中家斧冰,此地绝炎蒸。
天食青童捧,龙居白气升。
暗灯犹宿火,寝服尚衷缯。
客话从前事,书传入内僧。
风流今独尽,云物老相仍。
净榻搜凉卧,危阑入醉凭。
雨师行下界,鸟梦识中乘。
明发甬南去,他山逢智弘。

雨饮玲珑岩下
〔南宋〕谢翱

垂云起嵚嵌,衣被松与桂。
夜含星斗光,隐若金石气。
雨来辄阻之,不得抚苍翠。
下有桑门子,饮用陶匏器。

盆中蓄海石,左顾如牡砺。

疑此碛上来,不知几年岁。

桑门却问客,所居何姓氏。

回指南海峰,苍茫倘一至。

翠锁亭避雨

〔南宋〕谢翱

客有游山衣,著久如薜荔。

行行万翠亭,忽作风雨憩。

仰面无所睹,梁间有题字。

问此何人书?婉娩有弱气。

云昔魏王妃,学书似李卫。

乘云到此山,洒墨在空翠。

尘风吹土花,倏忽景物异。

疑此梦与仙,不类人间世。

[注:淳熙年间(1174—1189),皇子魏王赵恺通判明州。翠锁亭亭额为魏王妃所书。]

作者简介:谢翱(1249—1295),字皋羽,别号晞发子,福安(今属福建)人,后迁居蒲城(今属福建)。南宋爱国诗人,曾参加文天祥抗元部队,任谘议参军。著有《晞发集》。

四明七观(摘录)

〔南宋〕王应麟

明多名山,竺乾氏居之。

宝地金绳,祖花禅枝。

南有雪窦,东有太白。

飞瀑淙淙,层峦矗矗。

作者简介:王应麟(1223—1296),字伯厚,号深宁居士,先世居浚仪(今河南开封),后迁居庆元府鄞县(今浙江宁波)。南宋学者。淳祐元年(1241)进士,官至礼部尚书兼给事中。著有《困学纪闻》《玉海》等,相传《三字经》亦为其所著。

太白山观雪

〔南宋〕薛嵎

二十里松声,千山雪未晴。

人当绝顶见,吟到此时清。

大地球琳满,空林鸟雀惊。

老僧观物化,无灭亦无生。

天育道中

〔南宋〕薛嵎

除将吟卷外，琴与鹤相随。
问寺路犹远，入山僧未知。
鸟灵巢佛塔，猿饮挂藤枝。
陵谷几迁变，道傍横古碑。

天童山

〔南宋〕薛嵎

佛界似仙居，楼台出翠微。
浙中山水最，海内衲僧归。
草树有真意，禽鱼尽息机。
禅房无别事，唯见白云飞。

作者简介：薛嵎（1212—？），字仲止、宾日，永嘉（今温州）人。宝祐四年（1256）进士，官福州长溪主簿。有《云泉诗》。

鄞县经游记

〔北宋〕王安石

庆历七年十一月丁丑，余自县出，属民使浚渠川。

至万灵乡之左界，宿慈福院。戊寅，升鸡山，观碑工凿石，遂入育王山，宿广利寺。雨，不克东。辛巳，下灵岩，浮石湫之壑以望海，而谋作斗门于海滨，宿灵岩之旌教院。癸未，至芦江，临决渠之口，转以入于瑞岩之开善院，遂宿。甲申，游天童山，宿景德寺。质明，与其长老瑞新上石望玲珑岩，须猿吟者久之而还，食寺之西堂，遂行至东吴，具舟以西。质明，泊舟堰下，食大梅山之保福寺庄。过五峰，行十里许，复具舟以西，至小溪，以夜中。质明，观新渠及洪水湾，还，食普宁院。日下昃，如林村，夜未中，至资寿院。质明，戒桃源、清道二乡之民以其事。凡东西十有四乡，乡之民毕已受事，而余遂归云。

宋故宏智禅师妙光塔铭（有叙）

〔南宋〕周葵撰　张孝祥书

绍兴戊寅春二月，诏谥故明州天童山景德寺僧正觉宏智禅师塔曰"妙光"。其徒相与佋上德意，刻之琬琰，传示永久，且使来告，求铭师塔。

余闻中国自东汉始有经像，学焉者率以有为为功德，逮梁益甚。达磨自竺乾西来，传佛心印，佛道由是大明。至唐褒崇诸祖，有易名名塔之号，其去圆寂已百年或二百年。今师亡未几,而蒙上四字之褒,所以宠光之至矣!非能荷佛法栋梁,得祖师命脉,摄化缁素,为天人师,出入生死如游戏事,何以得此哉!乃撷其示世之实,序而铭之。

师李姓,正觉名也,隰州隰川人。祖寂,父宗道,世学般若。母赵氏,尝梦五台山一僧,解右臂环与之,已而有娠,遂屏荤茹。及师之生,右臂隆起如环状。年甫七岁,警悟绝人,日诵数千言。十一出家,十五落发,十八游方,三十四出世,得度于净明寺本宗大师,得戒于晋州慈云寺智琼律师,得法于邓州丹霞山德淳禅师。初住泗州普照,继住舒州太平、江州圆通、能仁,真州长芦,晚住天童。初,师过舒、蕲,遍礼祖塔,梦至一山寺,长松夹道,有句纪之,曰"松径森森窈窕门,到时微月正黄昏"。及至天童,宛如昔梦,故有终焉之志。岁在戊午,被旨住临安府灵隐寺。未阅月,丐归,故于天童最久。

唯祖道自达磨五传而离为南能北秀,其后益离而为五家宗派。今沩仰、法眼二宗中绝,而临济、云门、曹洞三家鼎盛。顾其徒未必深究其师之道,而各袭其迹,更相诋诃,未有能一之者。师尝曰:"佛祖之灯,以悟为则,惟证乃知。若执其区区之迹,则初祖见神州有大乘气象,崎岖数万里而来,使有方便,岂不显以示人?

而少林九年,似专修壁观者。"六祖云:"道由心悟,岂在坐也?"大慧亦云:"坐禅岂能成佛?"学者可便以是为初祖之过耶!盖师初以宴坐入道,淳以空劫自己示之,廓然大悟。其后诲人,专明空劫前事。惟师彻证佛祖根源,机锋峻激,非中下之流所能凑泊。而昼夜不眠,与众危坐,三轮俱寂,六用不痕,宗通说通,尽善尽美。故其持身也严,其倡道也文,其庄严佛事,接引迷涂,亦唯恐不至。自初得戒,坐必跏趺,食不过午,所至施者相踵,悉归之常住,间以与饿疾者,而一瓶一钵,丈室萧然。然诸行方厉而一性常如,非出于矫拂也。淳作《颂古》,令师叙其首,芙蓉楷禅师见之曰:"僧中复有此耶?吾宗不坠矣!"其退能仁,受长芦之请,适游云居,圆悟勤禅师见其提倡,以偈送之,有"一千五百老禅将"之语。然辩才三昧,自然成文,非出于思惟也。

其住天童,前后几三十年,寺为一新。即三门为大阁,广三十楹,安奉千佛。又建卢舍那阁,傍设五十三善知识,灯鉴相临,光景互入,观者如游华藏界海。所以晖耀尘世,使生厌离,以发起善根。而僧堂众寮卧具饮食器所以处其徒者,亦皆精致华好,如宝坊化城。又即滨海之隙,筑堤障其咸卤而耕之,以给僧供。末年至不发化人而斋厨丰衍,甲于他方,学者无一不满,得以专意于道。然师所规画,人竞趋之,不动声色,坐以告办，疑有鬼神阴为之助，而师无作相也。然则师之所在，愿一见威仪，闻謦咳，效供养，誓皈依者越数百千里襁负而至，户外之屦，常逾千数。其辨道之勤，得道之多，独冠一时。而识曹溪之路者，必能牧沩山之牛，非因众力推出，不肯轻以为人。当世贤士大夫亦乐与之游者，内外进也。

丁丑秋九月壬申，师入四明，又命舟至越上，遍见常所往来者，若与之别。冬十月己亥始还山，饭客笑语，无异平日。翌旦，作遗书于佛日杲禅师，且为其徒书四句偈，投笔而逝。自佛日住育王，与师相得欢甚，尝戏曰："脱我先去，公当主后事。"及佛日得遗书，夜至天童，凡送终之礼悉主之。因举师弟子法为继席。识者方知二尊宿各传一宗，而以道相与，初无彼此之间也。龛留七日，颜色如生。初议茶毗以收舍利。或曰："师当剃发，有堕火中者，辄成舍利。自是，遗发人所争取，岂嫌无舍利也耶？"丙午，乃奉全身葬山之东谷。自师之化，风雨晦冥，至葬开霁，讫事复雨。送者逾万人，弥亘山谷，无不涕慕叹仰者。

寿六十七，僧腊五十三。度弟子二百八十人。嗣法者嗣宗、法智、世钊、道琳、法润、信悟、法为、慧辉、了默、师秀、行从、宗荣、法聪、清萃、正光、集成、道圆、法济、明慧、中翼、法恭、子灵、师俨、师全、觉照、法海，皆于诸方坐大道场。若其分化幽远，晦迹林泉，则又未易悉纪也。

铭曰：

师昔侍佛灵鹫山，受佛嘱累来人间。
慧刀慈力镌世顽，出入生死非其难。
一性常如万行圆，笔端三峡为波澜。
化城仍作宝所先，华藏界海生尘寰。
摄化四海奔人天，学者争趋曹洞关。
示以自己空劫前，得无所得非言传。
弟子所至闾法筵，无尽之灯耀大千。
海山秀处东谷原，我作铭诗诒永年。

作者简介：周葵（1098—1174），字立义，号荆溪，晚号惟心居士，常州宜兴（今属江苏）人。宣和六年（1124）进士，历任殿中侍御史、绍兴知府、婺州知州、参知政事兼权知枢密院事，以资政殿大学士致仕。卒谥惠简。有《圣传诗》及文集。

张孝祥（1132—1170），字安国，号于湖居士，历阳乌江（今安徽和县东北）人。绍兴二十四年（1154）状元，官荆南知府、荆湖北路安抚使，以显谟阁直学士致仕。著有《于湖居士文集》等。

宋袁商墓志

景定五年（1264）十二月

先祖讳商，字清夷，姓袁氏，世为明之鄞人，□□□□□□。曾祖讳坰，赠朝奉郎，妣安人林氏。祖讳文，赠通议大夫，妣淑人戴氏。考讳燮，显谟阁学士、通奉大夫致仕，赠少□谥正献，妣□人□□□□□生于淳熙九年五月戊子。嘉定十二年，预胄荐。十四年，正献公以明堂恩，□转承□郎。十五年，铨中差监临安府新城县□□□□□□宝玺恩，转承奉郎。十六年，登进士第。十七年八月，丁正献公忧。宝庆元年四月□□宁国府宣城县水阳镇。绍定二年十二月，磨勘转承郎差签书□□□判官厅公事，未赴。四年八月，该东朝庆寿恩，转宣教郎。五年正月，□主管三省枢密院架阁文字，以□□□，除国子监书库官。六年八月，磨勘转奉议郎。十一月，除宗学谕。端平改元五月，兼沂靖惠王府教授□□□武学博士。二年三月，以沂邸讲四诗终篇转承议郎。六月，除太常博士。八月，以沂邸讲春秋终篇转朝奉郎。十月，磨勘转朝散郎。□年□月，除秘书郎。五月，以沂邸讲易终篇转朝请郎。六月，除秘书省著作郎。十月，兼权刑部郎官。十二月，差知袁州。嘉熙元年正月，以沂邸讲尚书终篇赏典未下，至是转朝奉大夫。十月，磨勘转朝散大夫。二年二月，赴袁州任。

三月，以言者罢。三年二月，主管建康府崇禧观。淳祐元年，磨勘转朝请大夫。八月，差知饶州，辞不赴。三年三月，主管建宁府武夷山冲佑观。五年四月，差知衢州，未赴。是月，磨勘转朝议大夫。六年，以明堂恩封鄞县开国男，食邑三百户。七年五月，除仓部郎官。七月，除尚右郎官。十月，除尚书吏部郎中，兼诸王宫大小学教授，兼资善堂赞读。八年四月，除太常少卿，仍兼赞读。十月，除起居郎。九年正月，兼权侍右侍郎。七月，磨勘转中奉大夫。八月，以资善堂满岁转中大夫。十一月，除权吏部侍郎。十年正月，兼同修国史实录院、同修撰。五月，以经筵讲帝学彻章转太奉大夫。七月，以资善堂满岁转通议大夫，十一月，兼权侍右侍郎。十一年正月，除吏部侍郎。五月，以进书转通奉大夫。六月，以资善堂满岁转正议大夫。十二月，以明堂恩进爵为子，食邑六百户。十二年正月，除权刑部尚书，连四章乞归田里，有旨除职予祠。二月，除宝章阁直学士、提举隆兴府玉隆万寿宫。宝祐二年九月，以明堂恩进爵为伯，食邑九百户。三年九月，召赴行在。十一月，除权兵部尚书。四年四月，兼侍读。五月，罢。十二月，除宝谟阁直学士、提举江州太平兴国宫。五年十一月，以明堂恩进封奉化郡开国侯，食邑一千二百户。十二月，磨勘转正奉大夫。景定二年四月，以明堂恩加食邑一千五百户，食实封一百户。三年正月，以疾乞致其事，转宣奉大夫致仕。是月乙丑，薨于正寝，享年八十有一。遗表闻，有旨赠特进，官其后如格，□赠银绢三百匹两，东宫亦百匹两。娶孙氏，讳可久，才两年卒，享年二十有三，赠硕人。我祖痛失贤助，追思不已，每言之，必哽咽涕下。继郑氏，讳元璧，实嘉兴贰车之长女，忠定魏王安晚先生之侄也，归于我祖□四十年，逮事正献公以孝谨闻，夫妇偕老，相敬如宾，封硕人。淳熙十□年三月二十五日生，景定四年三月七日卒。子男：徽，朝散郎、监行在榷货务都茶场；徕；徭。皆先亡。孙男充，迪功郎，前建康府司户参军□彦□京，并承务郎。曾孙三。考祖母孙氏始葬于小白岭，先祖常有改卜之意而未皇。景定五年十二月辛酉，诸孙将奉先祖与祖母郑氏之柩，葬于鄞县阳堂乡大田之原，遂迁小白之穸而合葬焉。

　　葬日薄，未能乞铭于当代名笔，姑叙次大略，书而纳诸圹。充等泣血谨识。

　　表侄朝散大夫、主管建康府崇禧观汪之埜填讳。

　　陈冲刊。

附记：

　　这块宋代袁商墓志碑原存鄞州区东吴镇戚家埠自然村。据当地村民回忆，20世纪六七十年代建造三溪浦水库时（一说建造东周线公路时），在该村东侧山麓出土，当时该墓被深埋在大石之下，只有两方石碑，无随葬品。该志石出土后，曾被村民当作搓衣板使用多年，另一方石碑（应为墓志盖石）则去向不明。20世纪80年代第二次文物普查时，当时的鄞州文管会工作人员发现了这块碑，安排由当地的文保员戚华昌保管。2022年6月11日，在文化和自然遗产日到来之际，戚华昌将这块看管了多年的石碑转交给了鄞州区文保中心。

该碑石高1.49米，宽0.78米，厚0.12米。碑文正书，共23行，每行55个字。碑石有数处脱落，字迹磨损严重。

志主袁商出身宋代著名望族袁氏，是"甬上四先生"之一的袁燮之子。在袁燮的四子中，第三子袁甫，《宋史》有传，长子袁乔、次子袁肃的事迹亦多见于史籍，独季子袁商难觅其迹。光绪《鄞县志》卷二十九撰有一篇传略，亦不过寥寥数语。这块碑志虽有残缺，然其仕宦经历、婚姻家庭等状况，无不是袁氏家族史研究的珍贵史料。

从志文中可知，袁商入仕40余年，除先后任主管三省枢密院架阁文字、仓部郎官、权刑部尚书、权兵部尚书等职和祠禄外，绝大部分时间在资善堂（皇子教育机构）任职，且恩赏有加，这在南宋后期政坛变幻莫测的朝廷中殊为难得，殆与"以儒起家，子孙遵教"的袁氏家族传统有关。袁商前所娶孙氏，其籍贯、三代名字不详。续娶郑元璧，即是端平、淳祐两度担任丞相的郑清之侄女，可谓名门之后。不过，袁商晚年境况似乎不佳，三子均先其而卒,后事由长孙袁充营办并撰文。

吴泳《鹤林集》卷七:"(袁商)淳方得于家传,自为宫僚,颇通艺业,比既以说《诗》受赏矣。"吴泳是当时朝廷名臣,其所言实可印证志文所载。

填讳者汪之埜,汪大猷族孙,绍定五年(1232)进士。

刻工陈冲,为宋代四明碑刻名家之一。

陈氏家族所刻碑石大都技艺精湛超群,尤得墨书神韵,无愧两宋四明著名碑刻世家。在《天一阁明州碑林集录》《甬城现存历代碑碣志》《宁波历代碑碣墓志汇编》等收录的碑刻和方志著录中,其最早起自北宋嘉祐八年(1063)十月陈奕所刻的《宋故丁氏夫人墓志铭》,迄至此碑,历时200年,共59种,大多为名碑和望族名人墓志。所题刻工姓名有陈奕、陈钜、陈锐、陈铎、陈璋、陈曦、陈景中、陈奇、陈师中(或为绍兴人)、陈希、陈頠、陈才、陈祥、陈裕、陈祐、陈炳、陈源、陈晔、陈溥、陈渭、陈洪和陈冲,共22人。其中可知有祖孙三代刻工的如陈锐、陈璋、陈曦,父子关系的有陈祐、陈晔。而从行字来看,许多刻工都是兄弟辈。如此历时弥久、规模庞大的碑刻世家,在国内恐怕亦是绝无仅有。而就在这块碑之后,陈氏家族的地位被另一个崛起的茅氏家族取代,所以这块碑也是目前发现的陈氏家族刻的最后一块碑。

追溯陈氏刻工渊源,盖来自颍川陈说。北宋景祐五年(1038)十月,陈说刻有《明州桃源保安院大界相碑》,署"颍川陈说"。

尽管如此，在众多史料中还是找不到有关刻工陈氏的片言只语。在崇文重儒的宋代社会，镌刻碑文仍被文人士大夫视为奇技淫巧，以致以此为生的碑刻工匠社会地位低下，不被人们所重视。

主要参考文献

1. 鄞县地方志编纂委员会编：《鄞县志》，中华书局，1996年。

2. 〔清〕康熙《鄞县志（附鄞志稿）》，宁波出版社，2018年。

3. 〔清〕乾隆《鄞县志》，浙江古籍出版社，2015年。

4. 〔清〕咸丰《鄞县志》，宁波出版社，2018年。

5. 〔清〕同治《鄞县志》，浙江古籍出版社，2015年。

6. 民国《鄞县通志》，宁波出版社，2006年。

7. 〔清〕徐兆昺著：《四明谈助》，宁波出版社，2003年。

8. 〔清〕胡文学著：《甬上耆旧诗》，宁波出版社，2010年。

9. 《鄞州区地名志》编纂委员会编：《鄞州区地名志》，浙江古籍出版社，2022年。

10. 《天童寺志》编纂委员会编：《新修天童寺志》，宗教文化出版社，1997年。

11. 〔清〕闻性道、释德介合撰，〔民国〕释莲萍续编：《天童寺志（附续志）》，日本曹洞宗大本山永平寺印，昭和五十五年（1980）。

12. 〔宋〕《嘉定镇江志》，江苏大学出版社，2014年。

13.〔元〕脱脱等撰：《宋史》，中华书局，1977年。

14.〔宋〕李焘撰：《续资治通鉴长编》，中华书局，1992年。

15.〔清〕毕沅撰：《续资治通鉴》，中华书局，1957年。

16.〔明〕陈邦瞻撰：《宋史纪事本末》，中华书局，2018年。

17.〔清〕王夫之著，刘韶军译注：《宋论》，中华书局，2013年。

18.〔宋〕孟元老撰，杨春俏译注：《东京梦华录》，中华书局，2020年。

19.〔宋〕吴自牧著，周游译注：《梦粱录》，二十一世纪出版社集团，2018年。

20.〔宋〕李诫著：《营造法式》，重庆出版社，2018年。

21.〔英〕崔瑞德、〔美〕史乐民编，宋燕鹏等译：《剑桥中国宋代史（上卷）》，中国社会科学出版社，2020年。

22.〔德〕恩斯特·柏石曼著，沈弘译：《中国建筑艺术与景观》，北京时代华文书局，2019年。

23.〔美〕戴仁柱著，刘广丰、惠冬译：《丞相世家——南宋四明史氏家族研究》，中华书局，2014年。

24.〔日〕荣西著：《吃茶记》，作家出版社，2018年。

25.〔日〕村上博优著：《希玄道元禅师云游萍寄求法考察》，グリーン美术出版，平成二十八年（2016）。

26.〔日〕常盘大定、关野贞著：《中国文化史迹》，浙江人民美术出版社，2017年。

27.〔日〕关野贞著：《中国古代建筑与艺术》，中国画报出版社，2017年。

28. 丰子恺著，吴浩然编：《雪舟的生涯与艺术》，海豚出版社，2015年。

29. 明旸著：《圆瑛法师年谱》，宗教文化出版社，1996年。

30. 邓广铭著：《北宋政治改革家王安石》，生活·读书·新知三联书店，2007年。

31. 虞云国著：《细说宋朝》，上海人民出版社，2019年。

32. 张宏杰著：《简读日本史》，岳麓书社，2021年。

33. 傅璇琮主编：《宁波通史》，宁波出版社，2009年。

34. 张如安、杜建海选注：《鄞州历代诗文选》，浙江古籍出版社，2008年。

35. 杨古城、周东旭编著：《浙东古戏台》，宁波出版社，2009年。

36. 金琪军、项隆元主编：《太白天童》，宁波出版社，2019年。

37. 郑传杰、郑昕著：《史氏家族》，宁波出版社，2011年。

38. 谢国旗编著：《最后的遗产》，宁波出版社，2013年。

39. 谢国旗编著：《揭开尘封的记忆》，宁波出版社，2013年。

40. 徐雪英主编：《甬上船事》，宁波出版社，2019年。

41. 李本侹著：《宁波摩崖石刻》，宁波出版社，2022年。

42. 哲夫主编：《宁波旧影》，宁波出版社，2004年。

后记：宋韵千年入梦来

宋韵是传统文化的当代呈现、生活美学的鲜活表达，融入百姓的日常生活。

在浙江省第十五次党代会报告中，文化篇章笔墨浓重。其中，"实施宋韵文化传世工程"作为打造新时代文化艺术标识的重要一招，再次成为人们关注的热点。

作为海丝之路的起始地、文化东传的出发地、宋韵资源的集聚地的东吴镇，更加有基础、有优势，也有责任推动宋韵文化在新时代焕发新辉。

千百年来，在这片 80 平方公里的土地上，勤劳、质朴、聪慧的东吴人民创造了璀璨的佛教文化、茶文化、建筑文化、陶瓷文化、忠孝文化、名人文化，虽历经沧桑却延绵不绝。随着近年来鄞州区大力实施宋韵文化传世工程，东吴镇充分挖掘区域内宋韵遗存，传承宋韵精神，讲好宋韵故事，引进宋韵产业，全域推动宋韵文化活化，经过一段时间的打造，已初步形成品牌效应。

宋韵文化要先"研究明白"，才能"做得实在"。2022 年 6 月 9 日，鄞州区宋韵文化研究中心在东吴镇天童老街成立。该中心得到了中国人民大学、浙江大学、宁波大学等高校与研究机构的大力支持，形成了以中国人民大学教授、中国宋史研究会会长包伟民为首席专家的专家库。同时，中国人民大学宋史研究基地落户东吴镇，将聚焦宋韵文化"八大形态"，在历史人物、文献资料、社会风俗、历史遗存、制度改革、经贸发展、宗教传播、艺术工艺、精神内核等领域，唱响人、文、风、物、制、经、禅、艺、神"鄞州宋韵九歌"，以系统的学理研究，标定鄞州区及东吴镇在宋韵文化中的地位。

紧随其后，浙江中华文化海外传播促进会宋韵文化传习基地也在天童老街授牌。

东吴镇党委书记庄琪表示，东吴的宋韵遗存映照古今、宋韵精神传承古今，现如今，宋韵之风更绵延古今。按照省党代会提出的目标，东吴镇将持续以中国人民大学宋史研究基地、浙江中华文化海外传播促进会宋韵文化传习基地和宁波大学"大学小镇"全域党建联盟等为文化发展赋能，全力打造宋韵文化发展新高地、传播新名片，使东吴成为讲好鄞州故事、展现鄞州形象的一个重要窗口。

宋韵文化是具有中国气派和浙江辨识度的重要文化标识，其质其韵既成于历史的运行轨迹，也来自后人的传承发扬。这些年，东吴镇立足"还街于民"，积极探索"老街新生"新路子，在"以旧修旧"实施天童老街提升改造的基础上，通过引进中央音乐学院、宁波大学等高校资源，充分挖掘艺术家、策展人、摄影师等作为艺术振兴乡村合伙人,重点打造"乡村音乐教室""潘艺山房"等校地合作阵地,定期开设公益课程,不定期举行艺术展陈和艺术推广,以艺术赋能乡村振兴。

如今,长约1500米的天童老街已集结起30多家店铺,从麻糍、乌米饭、灰汁团、牛肉面等当地美食,再到中央音乐学院乡村音乐教室、松隐非遗竹根雕生活馆、海丝寻迹文化馆、新华书店·山外等文化"课堂",一曲艺术振兴乡村的美丽乐章已经奏响。

东吴镇正持续对天童老街进行特色街区宋韵文化植入,打造以天童老街为中心的宋韵特色文化展示带,重点打造沉浸式众阅空间、汉服体验馆等一批宋韵文化展示馆,选址有韵味、有历史的老街四合院,以非遗手作、乡贤名人、生物多样性等为主要内容,落地更多的宋韵文化展示馆,并同步实施特色牌楼、小白塔等标志性建筑亮化工程,不断提升天童老街的宋韵。

不仅如此,东吴镇还循着王安石治鄞时留下的足迹,将小白河头、万松关、吉祥亭、候茶轩、小白岭、小白塔、揖让亭、海丝公园、太白湖、天童老街、天童森林公园和天童寺等人文胜地串珠成链,打造并推出"宋韵诗路"线上融媒体精品文旅线路,以动画、交互、游戏等方式,带领人们全方位领略东吴文化和宋韵之雅,使宋韵文化真正可感可知、可触摸、可体验。

让天童寺的金石墨迹"走出"寺院与百姓"见面",也是东吴镇大力推进的一项工作。天童的书法艺术在浙江宋韵文化中具有代表性。史料记载,宋元之际,天童寺的高僧将书法艺术传播至东亚地区，墨迹在日本备受珍视。日本奈良博物馆所编的《圣地宁波》一书记录了唐宋以来，以宁波为中心的佛教文化、书法、工艺、建筑、礼仪、饮食等传入日本的历史，是宁波"海丝文化""东亚文化之都"以及宋韵文化国际传播的重要见证，目前，鄞州已启动此书的翻译和出版工作。

如果说文化是一条生生不息的河流，那么宋韵就是这条河流的源头活水。千年流淌，她所沉淀的智慧，不仅是一块瑰宝，更是一座亟须多层次、全方位挖掘提炼的富矿。如今，找准了目标和路径，千年宋韵的当代价值正在东吴镇不断得以体现，并在高起点上进一步推进，从而让更多人感知到古今交融、岁月沉淀的文化之美。